Böse Konsequenzen

Conny Lüscher

Böse Konsequenzen

Psychothriller

Jede Ähnlichkeit mit lebenden oder toten Personen und tatsächlichen Ereignissen wäre rein zufällig.

Erstausgabe

CH-5400 Baden

Kontakt: conny@connyluescher.ch
Website: www.connyluescher.ch
ISBN: 978-3-9525223-9-4
Cover Design: RUDOLFBADEN

Lektorat: Regine Weisbrod

Inhalt

Hätte ich das ahnen können? War ich blind? Oh, Gott, bitte! Hilf mir. Lass nicht zu, dass ihnen etwas geschieht! Hilf mir! Bitte!

Aline

„Hast du wirklich auf deinen Vater eingestochen? Komm, sag schon!“

„Er ist nicht mein Vater“, sagte Aline und versuchte die Wut zu unterdrücken, die in ihr hochkochte. Das Mädchen, mit dem sie sich das Zimmer teilen musste, war eine dämliche Bitch. Sie plapperte den ganzen Tag in Endlosschlaufen und stellte dumme Fragen.

„Dann eben dein Stiefvater, oder Pflegevater, ist doch egal. Ich will nur wissen, ob es stimmt. Also, hast du auf ihn eingestochen?“

„Ja.“

„Wow! Und? Ist er tot?“

„Nein.“

Eduard hatte nur geblutet wie ein Schwein und ihr das hier eingebrockt. Eine Erziehungsanstalt, ein Heim für böse Mädchen.

„Und was ist mit deiner Mutter?“

Aline hätte ihr erzählen können, dass auch ihre Mutter in einem Heim hockte. In einer psychiatrischen Klinik, auf der Suche nach der Tür, durch die man zurück ins Leben gehen konnte. Aline glaubte allerdings nicht daran, dass sie die jemals wiederfinden würde. Aber dieser Bitch würde Aline das ganz sicher nicht auf die Nase binden.

„Du kannst froh sein, dass du noch nicht volljährig bist, vielleicht kommst du ja bald wieder hier raus.“

Todsicher, dachte Aline und holte zum Schlag aus.

Melly

Vor dem vierstöckigen Wohnblock schimmerte die Welt in einem goldenen Licht, als hätte ein Künstler einen riesigen Pinsel in die Sonne getunkt und alles mit warmen Farben übermalt. Ein Herbstnachmittag wie aus dem Bilderbuch, und Mellys Augen brauchten einen Moment, um sich an die Düsternis im Flur zu gewöhnen.

Leise schloss sie die Wohnungstür hinter sich, blinzelte und lauschte. Nichts.

Mama schläft, dachte sie, zog die Jacke aus und hängte sie an den überladenen Kleiderständer, dessen Umrisse sich aus der Dunkelheit schälten. Sie wollte kein Licht machen, kein Geräusch, nur ganz schnell in die Küche huschen.

Mama schläft.

Sechs Tage in der Woche schlief sie tagsüber, denn Iris Keller war fast die ganze Nacht unterwegs. Putzen. In Büros und Praxen, in einer Bank und nach Mitternacht in zwei Lokalen, die dann geschlossen waren. Ihr Chef, der sie und ein Dutzend weiterer Frauen beschäftigte, war ein Sklaventreiber.

Das sagte Mama immer wieder. Jetzt schlief sie. Aber ob es ein guter oder schlechter Schlaf war, wusste Melly noch nicht. Mit der Fußspitze stieß sie an eine Tüte auf dem Boden, in der es leise klirrte.

Da wusste sie, dass es ein schlechter Schlaf war. Melly hob die Tüte hoch und trug sie in die Küche. Hier war es hell, der einzige Ort in der Wohnung ohne zugezogene Vorhänge. Melly stellte die Tüte auf den

Tisch und packte den Inhalt aus. Nudeln, ein Brot, eine Packung Fischstäbchen, die sich weich und feucht anfühlte, eine Gurke und ein paar Tomaten. Gummibärchen, die wohl für sie gedacht waren. Eine Flasche Wein und zwei Flaschen Schnaps.

Melly war sich sicher, dass es drei gewesen waren. Aber die dritte stand jetzt wahrscheinlich schon zur Hälfte geleert neben Mamas Bett.

Melly setzte sich auf die Küchenbank und starrte die Flaschen an, als wären sie etwas Lebendiges. Etwas Böses, das man bekämpfen und vernichten musste. Melly hatte es versucht. Die Flaschen versteckt, ausgeschüttet und einmal sogar eine in hohem Bogen aus dem Fenster geworfen.

Da hatte Mama sie an den Schultern gepackt und so heftig geschüttelt, dass Melly übel geworden war. Mama hatte sie angeschrien. Schrecklich laut, voller Wut und mit geröteten Augen, die gar nicht mehr aussahen wie die von Mama.

„Was hast du getan? Bist du übergeschnappt? Weißt du eigentlich, was so eine Flasche kostet? Himmelherrgottnochmal, du dummes Kind! Kannst du nicht verstehen, dass ich das brauche? Ja, schau nicht so! Das ist wie Medizin für mich, ohne kann ich nicht schlafen, und das weißt du genau! Und ich muss schlafen, damit ich wieder arbeiten kann, den ganzen Scheiß …“

Melly war in Tränen ausgebrochen, und ihre Mutter hatte sie losgelassen und resigniert angestarrt. „Nein, das kannst du nicht verstehen, tut mir leid, was ich gesagt habe. Du bist kein dummes Kind. Du bist doch meine kleine Sonne. Einfach viel zu jung, um die

Probleme der Erwachsenen zu verstehen. Aber tu das nie wieder, hörst du?“

Melly hatte genickt und gehorcht. Nie wieder eine ganze Flasche Schnaps ausgeschüttet. Aber mit Wasser verdünnt, so oft es ging.

Denn Melly war gewiss kein dummes Kind. Sie war dreizehn, aufgeweckt und fröhlich, wenn es ihr gelang, ihre Mutter vom Trinken abzuhalten. Melly hatte das Down-Syndrom. Trisomie 21. Früher hatte sie den normalen Kindergarten besuchen können, doch dann musste sie in eine andere Klasse als ihre Freundinnen. Eine Sonderklasse für Kinder, die mehr Unterstützung beim Lernen brauchten. Und von da an hörte sie manchmal auf dem Schulhof Worte, die wehtaten. Auch wenn Melly sie damals gar nicht richtig verstanden hatte.

Idiot, Spasti, Mongo.

Mellys neue Lehrerin war eine tolle Frau, die ihre Schüler Wunderkinder und Sonnenschein nannte. Die eine unendliche Geduld hatte, sie zum Lachen brachte und ihre Fortschritte mit ihnen feierte. Ihnen Selbstvertrauen schenkte und sogar eine Theatergruppe gründete, die zweimal im Jahr einen Riesenapplaus erntete.

„Du bist auf deine Weise klüger als die meisten, und hübsch bist du auch.“ Das hatte Josy gesagt, Mellys beste und liebste Freundin. Die sie gerettet hatte. Vor drei Jahren auf dem Nachhauseweg.

Als zwei Jungs wie aus dem Nichts aufgetaucht waren und Melly mit ihren Fahrrädern den Weg versperrt hatten.

„Na, du Gnom? Wohin so eilig?“

Der rothaarige Junge war etwa fünfzehn und grinste sie höhnisch an. Melly kannte solche Blicke, sie bedeuteten, dass heute ein schlechter Tag war.

„Nach Hause", sagte sie und versuchte, zwischen den Rädern durchzuschlüpfen. Keine Chance.

„Und wo ist das? In einer Höhle?" Sein Kumpel lachte laut.

Melly wusste nicht, was sie sagen sollte. In ihrem Magen begann es zu kribbeln.

„Du bist doch eine aus dieser Idiotenklasse." Der Junge musterte sie neugierig. „Aber eigentlich siehst du gar nicht so übel aus, obwohl du ein Gnom bist." Er streckte die Hand aus, und Melly zuckte zusammen, als er ihr über ihre langen, braunen Haare fuhr. Ihre blauen, etwas schräggestellten Augen füllten sich mit Tränen.

„Fang doch nicht gleich an zu heulen, das war doch ein Kompliment!" Der Junge kicherte. „Wenn du überhaupt verstehst, was das ist."

„Ich weiß genau, was das ist", rief Melly empört. „Jetzt lass mich durch. Ich muss nach Hause!"

„Wirst du jetzt frech, du Zwerg, du? Ich will doch nur wissen, was du in deinem Rucksack hast."

„Wahrscheinlich Bilderbücher, lesen kann die sicher nicht!", wieherte sein Freund.

„Ich kann wohl lesen!", schimpfte Melly.

„Dann zeig her!" Der Rothaarige packte den Träger ihres Rucksacks und zerrte daran.

Im Rucksack war das Portemonnaie mit dem Geld, das Mama ihr mitgegeben hatte, damit sie nach der Schule noch einkaufen konnte.

„Nein! Lass los!", brüllte Melly, als sie spürte, wie ihr der Rucksack von den Schultern glitt.

Nun zerrte auch der andere Junge an den Riemen, und Melly stürzte auf den Rücken. Weinend blickte sie auf in ihre Gesichter, in lachende Fratzen. Ihr Rock war beim Sturz hochgerutscht, und das laute Gelächter der Jungs trieb ihr die Schamesröte in die Wangen.

Der Rothaarige ließ sein Fahrrad fallen und packte den Rocksaum.

„Schau dir das an!“, rief er. „Die hat Micky-Mouse-Unterhosen an! Was da wohl drunter ist?“ Er schob den Zeigefinger in den Bund ihres Slips und zog daran.

„Lass doch mal schauen, wie so ein Gnom da unten aussieht!“

Eine Sekunde war Melly wie versteinert, dann schlug sie kreischend und strampelnd auf seine groben Finger.

Eine gellende Stimme ließ die Burschen zusammenzucken.

„Was macht ihr da, ihr Arschlöcher! Lasst sie sofort in Ruhe!“

Ein junges Mädchen, vielleicht so alt wie die Jungs, drängte sich dazwischen. Ihre rotbraunen Locken leuchteten in der Sonne wie poliertes Holz, und ihre grünen Augen funkelten vor Zorn.

„Was geht's dich an, verpiss dich!“

„Lass mal“, stammelte sein Kumpel kleinlaut. „Komm, wir gehen.“

„Spinnst du? Was soll das? Lässt du dir von so einer Tusse sagen, was du zu tun hast?“

Das Mädchen kniete sich neben Melly und half ihr aufzustehen.

„Das ist Josy. Josy Tauben“, flüsterte der Junge dem Rothaarigen ins Ohr. „Sie kennt mich, mein Vater arbeitet bei denen in der Firma. Komm schon, ich will keinen Ärger.“ Er trat in die Pedale, und sein Freund hob sein Rad auf und folgte ihm widerwillig.

„Hast du dich verletzt?“

Melly schüttelte den Kopf und wischte sich schniefend mit dem Handrücken die Tränen aus dem Gesicht. „Nein, nein, ich habe nur so schlimm Angst gehabt.“

„Das kann ich gut verstehen! Aber jetzt musst du keine Angst mehr haben, das verspreche ich dir. Ich kenn die beiden Idioten, und ich werde dafür sorgen, dass das ein Nachspiel hat. Die werden dir nie wieder etwas tun!“

Melly lächelte das Mädchen an. „Danke, dass du mir geholfen hast. Ich heiße Melly, und dich hab ich schon auf dem Schulhof gesehen. Deinem Papa gehört doch die große Backwarenfabrik, ich hab auch schon eure Semmeln gekauft.“

„Na dann, kleines Fräulein, ich bin Josefine Tauben, aber alle nennen mich Josy. Sehr erfreut, dich kennenzulernen!“

Melly ergriff die ausgestreckte Hand und schüttelte sie mit ernster Miene. „Sehr erfreut.“

Seit diesem Tag vor drei Jahren waren sie trotz des Altersunterschieds dicke Freundinnen. Für Melly war Josy die Schwester, die sie gerne gehabt hätte. Mit ihr konnte sie über alles reden, und in Josys Gegenwart, wagte niemand einen dummen Spruch zu machen.

Als Melly völlig unvorbereitet ihre erste Periode bekommen und vergeblich versucht hatte, ihre betrunkene Mutter wachzurütteln, war sie zu Josy geflüchtet. Weinend und verängstigt. Josy hatte sie in den Arm genommen, ihr geduldig alles erklärt und ihr eine Packung Binden gegeben.

„Jetzt sind wir Blutsschwestern", hatte Josy mit einem Augenzwinkern gesagt, und Melly hatte sich stolz gefühlt. Obwohl diese komische, neue Sache doch etwas eklig war.

Wenn Josy doch endlich wieder da wäre, dachte Melly und schob die Schnapsflaschen wie Spielfiguren auf dem Küchentisch hin und her. Schon drei Wochen war sie fort. In Südfrankreich, Urlaub machen nach dem bestandenen Abitur.

Ja, ja, Urlaub. So was hatten Melly und ihre Mutter noch nie gemacht. Irgendwo hinfahren, einfach so. Bestimmt wäre das schön, aber wenn kein Geld da war? Dann konnte man höchstens in den Zoo gehen, wenn überhaupt. Vielleicht wäre mehr Geld da gewesen, wenn sie einen Papa gehabt hätte. Aber Mama sagte immer, sie könne froh sein, dass der Scheißkerl abgehauen ist.

Melly runzelte die Stirn. Eigentlich hätte Josy schon vor einer Woche zusammen mit ihren Freundinnen heimkommen sollen. Aber sie war länger geblieben. Das hatte ihr Klara, die sich bei Josy zu Hause um den Haushalt kümmerte, erzählt. Alleine, einfach so. Melly konnte sich nicht vorstellen, was sie da machte. Ganz allein.

Aber sie wird mir alles genau erzählen, wenn sie endlich wieder da ist, dachte Melly und seufzte tief. Sie starrte auf die Flaschen und fühlte sich entsetzlich einsam.

Wie ein Astronaut, der im Weltall verloren gegangen war.

Mads

„Ist er tot?“, fragte Bernadette und zog den Rotz hoch.

Mads sah sich um. Ein kühler Wind fegte durch den Stadtpark, und vertrocknete Blätter wirbelten wie aufgescheuchte Vögel durch die Luft. Es war später Nachmittag, Regenwolken verdunkelten den Himmel, und die Spaziergänger hatten sich eilig verzogen. Vorsichtig näherte er sich der Parkbank, auf der ein junger Mann lag und mit leerem Blick in den Himmel sah.

„Ich glaub schon“, erwiderte Mads und beugte sich über ihn. Der Kerl sah erbärmlich aus. Abgemagert bis auf die Knochen. Seine Kleider waren abgewetzt und schmutzig. Der Gestank kam von dem Erbrochenen, das wie ein grausiger Latz auf seiner Brust lag. Wieder hatte es einen erwischt.

Die Leute vom Sozialamt gaben sich alle Mühe. Sie boten Anlaufstellen, Streetworker, Beratung und Hilfe beim Entzug, aber manchmal nützte alles nichts. Die grausamen Monster, die sich die Süchtigen spritzten, schluckten, rauchten oder in die Nase zogen, waren stärker. Wie gefräßige Alligatoren zerrten sie ihre Beute mit sich bis in den Tod. Alt oder jung, reich oder schon auf der untersten Stufe angelangt, spielte dabei keine Rolle. Das hatte Mads oft genug erlebt.

„Dann lass uns abhauen“, rief Paule und schob den Einkaufswagen an, in dem er seine ganze Habe herumkutschierte.

„Sollten wir nicht jemanden informieren?“, fragte Mads. Der Kerl, der wie vom Teufel ausgespuckt auf der Bank lag, tat ihm leid.

„Bist du jetzt etwa stolzer Besitzer eines Handys?“, fragte Bernadette und grinste ihn an.

Sie war erst Mitte dreißig, also so ungefähr, denn genau wusste Mads das nicht. Sie wäre eigentlich ganz hübsch gewesen, aber wenn sie den Mund aufmachte, sah Bernadette wie eine alte Frau aus. Bei einer Schlägerei hatte sie sämtliche Vorderzähne eingebüßt.

„Nein, woher auch“, brummte Mads.

„Die Bullen werden ihn beim nächsten Kontrollgang schon finden, also los jetzt, gehen wir nach Hause, gleich fängt es an zu regnen“, kommandierte Paule und marschierte voran.

Mads seufzte resigniert und folgte den beiden. Seiner kleinen Truppe. Irgendwann, vor etwa einem Jahr, war er Paule und Bernadette auf der Straße begegnet. Obdachlos, genau wie er. Und sie hatten sich zusammengetan. Weil sie einander sympathisch waren, aber vor allem, weil es sicherer war. Irgendwo alleine zu pennen, war keine gute Idee für Leute wie sie. Hier oder anderswo.

Wobei .... Seit Mads hier gestrandet war, in dieser Stadt mit etwa hunderttausend Einwohnern, vielen Parks und einer herausgeputzten Altstadt, hatte er noch nicht so viel einstecken müssen. Verachtung, manchmal ein angewidert verzogenes Gesicht, das ja. Aber daran war Mads seit vielen Jahren gewöhnt. Oder waren es Jahrzehnte? Mads wusste das gar nicht so genau, und es interessierte ihn auch nicht mehr.

Früher, ja früher hatte er noch geglaubt, dass sein Leben auf der Straße nur so eine Übergangsphase wäre. Bis er wieder Fuß gefasst hätte. Wieder einen Job und eine Wohnung hatte.

Beides – und seine Familie hatte er damals verloren, weil er ein Idiot gewesen war. Und schuld an einem schrecklichen Unfall. Schuldig und feige. Er war einfach abgehauen, weil er die Blicke, mit denen man ihn nach dieser Tragödie angesehen hatte, nicht mehr hatte ertragen können. Er war geflohen, ohne Ziel durch die Welt geirrt, und die Zeit hatte sich in einen träge dahinströmenden Fluss verwandelt.

Manchmal fragte sich Mads, wie alt er jetzt eigentlich war. Doch schon siebzig? Er hätte nachschauen können in dem zerknitterten Ausweis, den er all die Jahre mit sich trug. Aber wozu? Würden ihn seine Knochen weniger schmerzen, falls er feststellen würde, dass er doch noch jünger war? Wohl kaum.

„Komm in die Gänge, Mads!“, rief Paule verärgert, als die ersten Regentropfen auf den gepflegten Weg klatschten. „Ich will nach Hause!“

Zu Hause. Das war im Moment noch eine Ecke in der Unterführung am Ende des Parks, in die sich kaum jemand verirrte. Weil es dunkel war, die Wände mit obszönen Sprüchen vollgesprüht waren und es nicht gerade nach Rosen duftete.

Und weil wir da hausen, dachte Mads. Sie hatten sich einigermaßen gemütlich eingerichtet. Und wenn es nicht in Strömen schüttete und das Wasser in Rinnsalen durch die Unterführung lief, konnten sie auf trockenen Matratzen schlafen.

Was will man mehr?

Doch in ein paar Wochen würden sie sich nach einer neuen Bleibe umschauen müssen. Im Winter ließ der Wind mit seinem eisigen Atem die Bartstoppeln gefrieren und knistern.

Paule parkte seinen Einkaufswagen und reichte Bernadette einen Plastikbeutel. Sie ließ sich ächzend auf ihre Matratze plumpsen und wühlte darin herum. Zum Vorschein kamen ein angebissener Kebab, zwei Brötchen in einer Tüte, die wohl jemand verloren hatte, eine Schachtel mit Pizzaresten und eine angebrochene Plastikflasche mit irgendeinem knallroten Saft.

„Nicht schlecht", freute sie sich und breitete die Beute vor sich aus. „Wer möchte was?"

Paule setzte sich zu ihr und griff nach einem Brötchen. In der Hand hielt er eine Rotweinflasche, an der er seit zwei Tagen nuckelte. Mads wusste, dass er sich vorgenommen hatte, nicht mehr so viel zu trinken. Denn kürzlich hätte Paule sich bei einem Sturz fast das Genick gebrochen. „Hast du keinen Hunger?", fragte er.

Mads schüttelte den Kopf. „Nein, danke. Ich hatte heute ein richtiges Mittagessen."

Ja, er hatte mal wieder Glück gehabt und für ein paar Stunden Arbeit bekommen. In einer Autowerkstatt im Industriegebiet. Der Betreiber reparierte Schrottkarren, die aus dem letzten Loch pfiffen und um die sich sonst niemand kümmern wollte, weil es kaum mehr Ersatzteile dafür gab. Irgendwie schaffte er es immer, die Autos wiederherzurichten. Es war nicht so, dass sich die Kundschaft drängelte, und Mads vermutete, dass er sein Geld nebenher mit ganz anderen Dingen verdiente. Aber das ging ihn nichts an. Für Mads zählte nur, dass er von Zeit zu Zeit in der Werkstatt mithelfen konnte. Es gab ein paar Euros unter der Hand. Und manchmal, so wie heute, auch etwas Warmes zu essen.

„Die gnädige Frau ist im Anflug“, rief Bernadette mit vollen Backen.

„Mist, ausgerechnet dann, wenn ich keine Krawatte umgebunden habe“, sagte Paule und schwenkte die Flasche.

„Hattest du überhaupt jemals eine?“, neckte ihn Mads.

Er mochte seinen ständig vor sich hin schimpfenden Kumpel. Wenn man Paule nicht kannte, konnte einem sein grimmiges Gesicht schon Angst einjagen. Paule war – nach eigener Aussage – gerade vierzig geworden und ein stämmiger Bursche, der sich nicht so leicht einschüchtern ließ. Weder von der Polizei noch von diesen Idioten, die von Zeit zu Zeit ein Spiel veranstalteten.

Sie nannten es „Rattenjagd“.

Nur, dass die Ratten keine vier Beine hatten und alle obdachlos waren. Randständig. Was für ein Wort, aber so war es doch. Leute wie sie lebten abseits der Gesellschaft wie Unkraut an den Rändern eines keimfreien Ackers.

Das Geräusch von Rollen eines Koffers, begleitet von dem Klackern von Absätzen hallte in der Unterführung. Das war eindeutig die Gräfin. So jedenfalls hatte sie sich ihnen vorgestellt.

„Gräfin Felicitas Hermine Frederica von Waldenstein.“

„Drauf geschissen“, hatte Paule gestänkert.

Für Mads war sie „die Reisende“, und das traf es wohl ziemlich gut.

Den ganzen Tag rollte die Gräfin mit ihrem Koffer durch die Stadt, scheinbar zielstrebig, ohne nach links oder rechts zu schauen. Kilometer um Kilometer, bis sie abends irgendwo erschöpft zusammenbrach. In einem Hotel, wie sie stets beteuerte.

Wenn man sie so reden hörte, wenn sie von ihren angeblichen Reisen erzählte, hätte man das fast glauben können. Die Gräfin machte ganz und gar nicht den Eindruck einer verwirrten Obdachlosen. Sie trug gepflegte Kleidung, schicke Schuhe mit Absätzen, und ihre Haare waren immer frisch gewaschen und zu einem adretten Dutt hochgesteckt.

„Sie geht ins Bahnhofsklo, um sich zu waschen“, hatte Bernadette erzählt. „Ich seh sie dort fast jeden Morgen.“

„Was die wohl in ihrem Koffer mit sich rumschleppt?“ Paule hätte das zu gerne gewusst. Aber es gab Regeln. Eiserne Gesetze. Niemand wühlte ungefragt in den Sachen von anderen. Außerdem hatte der Koffer ein Zahlenschloss.

„Guten Abend, die Herrschaften“, sagte die Gräfin und riss verblüfft die Augen auf. „Was für ein Zufall Sie hier zu treffen.“ Sie war völlig durchnässt. Ihre Beine, die einer beigefarbenen Hose mit Bügelfalten steckten, zitterten vor Anstrengung, als sie schwer atmend vor ihnen stehen blieb.

„Ja, welche Überraschung“, knurrte Paule und nahm einen, für seine Verhältnisse, winzig kleinen Schluck aus der Flasche.

„Guten Abend, Gräfin“, sagte Mads und deutete eine Verbeugung an. „Möchten Sie sich einen Moment zu uns setzen?“

„Es gibt frische Brötchen“, sagte Bernadette, und Mads wurde wieder ganz warm ums Herz. Bernadette teilte alles mit jedem. Auch wenn ihr dann die ganze Nacht der Magen knurrte.

„Eigentlich sollte ich ja weiter. Ich werde im Hotel erwartet, müssen Sie wissen.“ Die Gräfin sah sich unruhig um. Sie war blass, und ihre Augen lagen in tiefen Höhlen. „Aber ja, warum nicht. Eine kleine Verschnaufpause könnte ich mir gönnen.“

Sie sah aus, als würde sie jeden Moment umkippen, und Mads war erleichtert, als sie sich neben Bernadette auf die Matratze sinken ließ. Gierig verschlang sie das Brötchen, das ihr angeboten wurde.

„Ich schlafe entsetzlich schlecht seit ein paar Nächten“, sagte sie und rang nach Luft. „Bisher war ich mit diesem Hotel immer sehr zufrieden. Ja, es gab eigentlich nicht viel auszusetzen. Aber seit zwei Tagen …“ Aufgeregt winkte sie Mads zu sich.

„Ich habe keine Ahnung, wer jetzt dort seit neuestem logiert“, flüsterte sie ihm ins Ohr. „Aber das müssen schreckliche Leute sein. Rücksichtslos und primitiv. Keine Manieren.“

„Wieso, was machen sie?“, fragte Mads ebenfalls flüsternd. Es war ein Rätsel, wo die Gräfin nachts Unterschlupf fand. Das hatten sie noch nicht herausgefunden.

„Sie schreien“, wisperte die Gräfin. Ihre Pupillen waren geweitet vor Furcht.

„Sie schreien?“

„Ja, sie schreien und kreischen unablässig. Und hämmern an die Wände. Ich werde fast wahnsinnig. Es macht mir Angst! Schreckliche Angst.“

Finn

Den habe ich mir verdient, dachte Finn und betrachtete den geradezu monströs großen Eisbecher, den ihm die Bedienung gerade serviert hatte. Er saß unter einem Sonnenschirm vor der wohl besten Gelateria der Stadt. Wenn man das leise Tröpfeln des Regens ausblendete und sich nur auf diesen köstlichen Geschmack auf der Zunge konzentrierte, fühlte es sich an wie Sommer.

Eine kleine Illusion, denn der Sommer war nun vorbei, und bald würde der Ernst des Lebens seine Tage bestimmen. Er hatte vor, ein Studium zu beginnen, genau wie Josy.

Er zog die Stirn kraus. Seltsam, dass sie sich kaum noch gemeldet hat.

Der Gedanke, dass Josy in ihrem Urlaub in Südfrankreich womöglich jemanden kennengelernt und sich verliebt hatte, nahm ihm den Appetit. Er ließ den Löffel sinken und starrte das kleine, rote Zuckerherz an, das oben auf dem Vanilleeis thronte.

Josy und er waren gleichaltrig, seit dem Kindergarten befreundet und seit ein paar Monaten … ja was? Ein Paar? Eigentlich noch nicht so richtig. Außer heißen Küssen und vorsichtigem Gefummel war noch nichts passiert.

Sie waren beide überrumpelt gewesen von dem Sturm, der auf einer Party ihre Gefühle durcheinandergewirbelt hatte. Sie hatten dieselben Bedenken. Angst davor, dass ein von Hormonen gesteuertes Abenteuer ihre wertvolle Freundschaft zerstören könnte.

Finn wollte Josy Zeit lassen, obwohl ihn das fast in den Wahnsinn trieb. Denn er war sich längst sicher. Das, was er für sie empfand, war Liebe.

Finn zuckte zusammen, als ihm jemand ins Ohr brüllte.

„Oh, Mann, Finn! Da wird man ja nur schon vom Anblick dick!"

Lea und Emma, Josys beste Freundinnen, standen mit ihren Fahrrädern am Bordstein und lachten ihn an.

„Ihr seid zurück?", fragte er entgeistert.

„Wie? Was zurück? Du meinst aus dem Urlaub? Leider schon seit einer Woche." Lea verdrehte schwärmerisch die Augen. „Es war einfach der Hammer, wir wären gerne auch noch länger geblieben, aber das geht echt ins Geld da unten, wenn du verstehst, was ich meine."

Finn war verwirrt. „Und Josy?" Es war völlig undenkbar, dass sie seit einer Woche zu Hause war und sich nicht bei ihm gemeldet hatte.

Lea und Emma sahen einander vielsagend an. Der arme Kerl hatte anscheinend von nichts eine Ahnung.

„Josy ist doch noch geblieben, wusstest du das nicht?", fragte Emma und bereute es in der nächsten Sekunde. Zwischen den beiden scheint etwas ziemlich schiefzulaufen, dachte sie.

„Nein, das wusste ich nicht." Finn kam sich unter ihren Blicken ziemlich blöd vor. „Geht mich ja eigentlich auch nichts an."

„Na also dann, genieß deine Eisbombe", sagte Lea etwas verlegen und schob ihr Rad an.

„Tschüss, Finn!“, rief Emma und radelte ihrer Freundin hinterher.

Finn saß da wie ein begossener Pudel. Er wusste nicht, was er davon halten sollte. Oder doch. Josy hatte sich verliebt und wusste nicht, wie sie ihm das schonend beibringen sollte.

Er sah sie vor sich. Seine Josy. Das liebenswerteste, hübscheste, klügste Mädchen im ganzen Universum in den Armen eines anderen! Einem braun gebrannten Beachboy mit Waschbrettbauch und strahlend weißen Zähnen.

Zum Kotzen.

Er schob den Eisbecher weit von sich.

Sie wird sich schon melden. Ich muss sie in Ruhe lassen.

Aber das konnte er nicht. Er zog sein Handy aus der Tasche und schrieb ihr eine Nachricht. Ohne ein Emoji, wie er es sonst machte.

„Wo bist du?“

Marie

„Was ist denn da oben los?“, fragte Klara Groth und starrte an die Decke.

„Josy stellt die Möbel in ihrem Zimmer um“, antwortete Marie. „Und wenn ich es richtig verstanden habe, will sie auch die Wände neu streichen.“

Ein lautes Poltern ließ sie zusammenzucken.

„Das war jetzt wohl die Kommode.“ Marie lächelte die Haushälterin etwas gequält an. „Ich habe keine Ahnung warum, aber seit sie zurück ist, passt ihr irgendwie gar nichts mehr. Ich habe das Gefühl, als wollte sie ihr ganzes Leben auf den Kopf stellen.“

Klara Groth arbeitete nun schon seit fünfundzwanzig Jahren für die Familie und kannte Josy seit ihrer Geburt.

„Kein Grund, sich Sorgen zu machen, Frau Tauben. Josy ist über achtzehn, also schon erwachsen, und da ist es nur natürlich, dass die jungen Leute anfangen, ihr Leben nach ihren eigenen Vorstellungen zu gestalten. Das legt sich irgendwann wieder, glauben Sie mir.“

„Wahrscheinlich haben Sie recht.“ Marie seufzte. „Aber, dass sie sich auch noch ihre wunderschönen Haare abgeschnitten hat, ist mir unbegreiflich.“

„Auch eine Art von Revolution“, erwiderte Klara. „Und eigentlich sieht das doch ganz apart aus.“

Das stimmte. Josy trug ihre Haare jetzt raspelkurz, und dadurch wirkten ihre grünen Augen noch größer.

Aber so kommt sie mir irgendwie nackt vor, dachte Marie, verletzlich.

Vor ihre Augen schob sie sich ein Bild. Josy, vor dreizehn Jahren am Grab ihrer leiblichen Mutter. Klein und verloren, hatte sich die Fünfjährige an die Hand ihres Vaters geklammert und ungläubig auf den blumengeschmückten Sarg gestarrt. Marie hatte gedacht, es würde ihr das Herz zerreißen.

Gregor, vor Schmerz völlig erstarrt, hatte kaum mitbekommen, was um ihn herum vorging. Er hatte Christine über alles geliebt, und Marie wusste, dass er sich schreckliche Vorwürfe machte, sich nicht genug um sie gekümmert zu haben.

Seine erste Frau hatte seit Josys Geburt unter Depressionen gelitten. Keine Therapie, keine Medikamente konnten die Fesseln zerreißen, die sie gefangen hielten. Manchmal hatte Marie das Gefühl gehabt, dass Christine sich gar nicht helfen lassen wollte. Die Obduktion nach dem Autounfall hatte ergeben, dass Christine viel zu viele Medikamente genommen hatte, gar nicht mehr fahrtüchtig gewesen war.

Gregor Tauben hatte sich nach ihrem Tod in noch mehr Arbeit vergraben, um den Schmerz zu betäuben. Die Backwarenfabrik, einst nur eine kleine Bäckerei, seit Generationen im Besitz der Familie, expandierte. Das Sortiment wurde erweitert, und der Erfolg blieb nicht lange aus.

„Tauben – immer das Beste.“ Dieser Slogan, unter dem Bild einer blauen Taube, stand auf allen Tüten und Verpackungen und verdrängte die Konkurrenzprodukte aus den Regalen und Kühltruhen.

Eine weitere Fabrik musste gebaut, noch mehr Personal eingestellt werden, und Gregor schuftete wie ein Getriebener Tag und Nacht. Und Marie, seine langjährige Assistentin und enge Vertraute, klaglos an seiner Seite.

„Geh endlich nach Hause. Vergiss deine Tochter nicht“, hatte Marie einmal spätabends im Büro zu ihm gesagt. „Sie braucht dich.“

Gregor blickte von seinem Computer auf, als hätte sie ihn aus einem Traum gerissen.

„Klara Groth ist eine ganz wunderbare Frau.“ Marie seufzte und lächelte ihn an. „Und ich weiß, dass sie sich um die Kleine kümmert, als wäre sie ihre eigene Tochter. Aber Josy braucht dich, ihren Vater.“

„Und eine Mutter“, murmelte Gregor.

Maries Herz hatte heftig zu klopfen begonnen. Denn schon als sie Gregor zum ersten Mal begegnet war, hatte sie sich Hals über Kopf in ihn verliebt. Und ein paar Monate nach Christines Tod hatten sie zum ersten Mal miteinander geschlafen. Nun führten sie seit mittlerweile zwei Jahren eine lockere Beziehung. Marie machte sich keine Illusionen. Gregor brauchte Trost, Wärme, körperliche Nähe, doch er würde sie niemals so lieben, wie er Christine geliebt hatte. Doch Marie war zufrieden mit dem, was er ihr geben konnte.

„Willst du mich heiraten?“, fragte er unvermittelt.

Maries Gedanken wirbelten. Ein bitterer Geschmack legte sich auf ihre Zunge, einen Moment fühlte sie sich enttäuscht. Denn er hatte die Frage gestellt, als handelte es sich um einen Geschäftsabschluss. Ein Geschäft, zu Josys Gunsten.

Marie verstand sich gut mit Josy, sie mochten einander. Aber wer würde Josy nicht mögen? Dieses reizende kleine Mädchen?

Gregor hatte sie erstaunt angesehen. Er hatte nicht damit gerechnet, dass sie zögern könnte. Er bekam doch immer, was er wollte.

Und Gregor war das, was Marie wollte. Vielleicht würde er sie eines Tages doch lieben.

„Ja“, hatte Marie schließlich geantwortet, bereit, alles dafür zu tun.

„Soll ich mal raufgehen und nachschauen?“ Klara riss Marie aus ihren Gedanken. „Vielleicht kann ich ja das Schlimmste verhindern.“

„Nein, lassen Sie nur“, sagte Marie. „Ich wollte sowieso noch mit ihr reden.“

„Dann kümmere ich mich schon mal um das Abendessen“, rief ihr Klara hinterher.

Reden, ja das ist dringend nötig, dachte Marie, als sie auf der glänzend polierten Holztreppe in den ersten Stock stieg. Die Villa der Familie war groß, alt, und ihr Unterhalt verschlang eine Menge Geld. Doch sie konnten sich das leisten und hatten Glück mit dem Personal. Klara Groth war mehr als nur eine Haushälterin. Sie war der Fels in der Brandung, ein Teil der Familie, und dank ihr hatten sie auch den zuverlässigen Gärtner und eine Putzhilfe, die ihre Arbeit sehr genau nahm.

Aus Josys Zimmer dröhnte laute Musik. Auch die war jetzt neu. Vor ihrem Urlaub hatte Josy Popsongs geliebt und die aktuellen Hits rauf und runter gespielt. Das, was jetzt da hinter der verschlossenen Tür hämmerte und dröhnte, war das überhaupt noch Musik? Es klang eher so, als würde man jemanden beschimpfen und foltern.

Marie hob die Hand und ließ sie gleich wieder sinken. Klopfen würde wohl nichts bringen. Sie öffnete die Tür einen Spalt, blickte in das Zimmer und schnappte nach Luft

Vor einem Jahr hatten sie Josys Zimmer neu hergerichtet. Alles in hellen Pastellfarben, die Josy so gefielen. Die Wände, den Teppich und die Kissen Ton in Ton abgestimmt. Das Zimmer hatte heiter und gemütlich gewirkt, eine Oase der Ruhe und Ausgeglichenheit.

Jetzt herrschte das totale Chaos, als hätte eine Horde Einbrecher darin gewütet. Alles war durcheinandergeworfen, die Tischchen verschoben, die Kommode wie erwartet umgekippt, und der Inhalt lag auf dem Boden verstreut.

Josy stand mit dem Rücken zur Tür, riss Kleiderstücke aus dem großen Schrank und warf sie achtlos auf den Haufen neben ihrem Bett.

Marie war wie vor den Kopf geschlagen. Was war denn nur los mit ihr?

Seit Josy vor zwei Tagen braungebrannt aus Frankreich zurückgekommen war, hatte Marie das Gefühl, dass etwas passiert sein musste.

Etwas, das in Josy eine Wut entfacht hatte, die sie kaum unter Kontrolle halten konnte. Etwas, worüber sie nicht reden wollte – oder konnte. Es musste etwas Schlimmes sein, denn Marie suchte in ihrem abweisenden Blick vergeblich nach dem Mädchen, das immer so fröhlich gewesen war.

„Josy? Was treibst du denn da?“, rief Marie, so laut sie konnte. Das Gekreische der Musik war unerträglich. Josy konnte sie nicht hören, aber sie drehte sich um und zuckte zusammen.

Marie stürmte in das Zimmer und stellte die Musik ab. „Um Himmels willen, Josy“, seufzte sie in die plötzliche Stille. Ihre Ohren klingelten immer noch.

„War ich zu laut? Tut mir leid“, sagte Josy, zerknäulte eine hellblaue Bluse und warf sie auf den Kleiderhaufen.

Marie ließ sich auf das zerwühlte Bett fallen. Ein ungemachtes Bett, das hätte es früher auch nicht gegeben.

„Josy, setz dich bitte einen Moment zu mir“, sagte Marie und klopfte mit der Hand auf die Matratze. „Ich denke, wir sollten uns jetzt wirklich mal ganz in Ruhe miteinander unterhalten.“

Josy starrte sie mit ihren grünen Augen an, aber dann zuckte sie mit den Schultern und setzte sich neben sie.

„Na schön, aber ich habe nicht viel Zeit. Ich habe mich mit Finn verabredet, wir treffen uns heute Abend im Club.“

„Oh, wie schön“, rief Marie und fühlte sich erleichtert. Sie mochte Josys Freund sehr. Die beiden waren seit ihrer Kindheit unzertrennlich, Finn war zuverlässig und schon sehr reif für einen Achtzehnjährigen. Und wenn sie nicht alles getäuscht hatte, schien aus den beiden ein Liebespaar zu werden. Vielleicht konnte Finn ja …

„Also, was wolltest du mir sagen?“, fragte Josy.

„Liebes, vielleicht liege ich ja falsch, aber ich habe das Gefühl, dass dich etwas bedrückt. Du bist so wortkarg, fast abweisend … Ach, ich will nicht drum herumreden, ich frage dich jetzt ganz direkt: Ist etwas geschehen in der Woche, in der du alleine unterwegs warst? Du weißt, du kannst mir vertrauen und über alles mit mir reden."

Bitte lass es keine Vergewaltigung sein, dachte Marie verzweifelt. Obwohl das Josys mühsam unterdrückte Wut und ihre Verschlossenheit noch am ehesten erklären würde.

Oder hat sie einen Unfall verschuldet? Jemanden schwer verletzt? Sie hatte ja erst vor kurzem den Führerschein gemacht und noch keine Routine. Der Gedanke war kaum minder entsetzlich.

Josy schüttelte die Hand ab, die Marie ihr auf die Schulter gelegt hatte.

„Was soll denn passiert sein?", fragte sie kopfschüttelnd. „Ich habe das Strandleben genossen, gefeiert bis zum Sonnenaufgang, meinst du das?"

Marie sah sie hilflos an. „Das hast du schon erzählt Josy. Aber ich glaube, da gibt es noch mehr zu berichten."

Josy beugte sich zu ihr. „Na schön, ich lege jetzt eine Beichte ab."

Marie hielt den Atem an.

„Ich habe zu viel getrunken, gekifft und außerdem ein paar bunte Pillen eingeworfen. Bist du jetzt zufrieden? Du kannst es gerne meinem Herrn Vater erzählen, falls er mal Zeit findet, sich mit dir zu unterhalten."

Marie wurde von einer tiefen Traurigkeit erfasst. Nicht, weil Josy über die Stränge geschlagen hatte wie so viele Jugendliche in ihrem Alter, sondern weil sie erkannte, dass sie ihr entglitten war. Josy vertraute ihr nicht mehr.

„Oh, Mann! Was ist denn hier passiert?“ Melly stand in der Tür, sah sich mit offenem Mund um und strahlte, als sie Josy sah.

„Josy! Josy! Endlich bist du wieder da!“ Sie rannte los und stürzte sich auf Josy, schlang die Arme um sie und drückte ihr feuchte Schmatzer auf die Wange.

„He, nicht so wild“, stöhnte Josy und befreite sich aus der Umklammerung.

Sie freut sich gar nicht, dachte Marie irritiert.

Melly schien das nicht zu merken, mit weit aufgerissenen Augen musterte sie Josys Frisur.

„Oh nein! Du hast deine schönen Haare abgeschnitten! Warum? Warum hast du das gemacht?“

Josy schob sie von sich. „Weil es mir so besser gefällt. Darum.“

„Na gut, du kannst sie ja wieder wachsen lassen“, verkündete Melly und sah sich im Zimmer um. „Wieso ist hier so eine Unordnung?“

„Melly, du nervst. Aber wenn du es unbedingt wissen musst, ich miste aus, ich will den ganzen Krempel nicht mehr.“

Melly war von dieser barschen Antwort sichtlich getroffen. Ihre Augen füllten sich mit Tränen.

„Warum bist du denn jetzt böse? Freust du dich denn gar nicht, dass wir wieder zusammen sind? Magst du mich nicht mehr? Du warst doch so lange fort, und geschrieben hast du mir auch nie, obwohl du es mir doch versprochen hast!“ Tränen kullerten ihr über die Wangen.

Josy seufzte und nahm sie in die Arme. „Tut mir leid, Melly. Natürlich bin ich nicht böse auf dich, und ich mag dich noch genauso wie früher. Aber ich habe jetzt wirklich keine Zeit für dich, ich sollte eigentlich schon weg sein."

Melly fand ihr Lächeln wieder. „Wohin gehst du? Ich kann dich doch ein Stück begleiten, und dann erzählst du mir, warum du so lange fort warst und was du in Frankreich gemacht hast."

„Das geht nicht, Melly, wirklich nicht. Geh nach Hause. Wir treffen uns ein andermal, ich ruf dich an."

„Aber bald? Versprichst du es?"

„Ja, sicher."

„Komm, Melly", sagte Marie und schob das Mädchen aus der Tür. „Bestimmt macht Klara dir noch einen Kakao, bevor du gehst."

„Kakao ist gut", murmelte Melly. Die Enttäuschung über dieses Wiedersehen ließ ihre Stimme rau klingen.

Ich. Kann. Es.

„Viel Spaß“, sagte die junge Blondine, die das Eintrittsgeld kassiert hatte, und drückte Finn einen Stempel auf den Handrücken.

„Danke“, murmelte er und ging in die weitläufige Halle, in der farbige Lichter im Takt der wummernden Bässe aufblitzten. Ob er wirklich Spaß haben würde, daran zweifelte Finn. Er war erst einmal in diesem Club gewesen, zusammen mit Josy. Und sie waren beide der Meinung gewesen, dass weder die Musik noch das Publikum in diesem Lokal ihr Ding waren.

Seltsam, dass sie sich ausgerechnet hier mit mir treffen will, dachte Finn und schlängelte sich an den Tanzenden vorbei. Noch war nicht allzu viel los. Dafür war es noch zu früh. In diesem Club drängten sich die Tanzwütigen erst, wenn andere ins Bett krochen.

Er entdeckte sie sofort. Josy tanzte allein und vollkommen entrückt am Rand der Tanzfläche.

Ihre Haare, sie hat die Haare abgeschnitten! Finn war verblüfft, denn Josy war immer stolz auf ihre Locken gewesen.

Aber sie sah gut aus. Wie eine zerbrechliche Elfe, die aus einem Märchenbuch gefallen war. Auch wenn die schwarze Kleidung, die sie trug, nicht ganz ins Bild passte.

Er drängelte sich zu ihr und legte ihr eine Hand auf die Schulter. „Josy!“

Sie riss die Augen auf und lächelte ihn an. „Finn!“, schrie sie durch den Lärm. „Komm, tanz!“

Er hatte sich das anders vorgestellt, aber wie sollte man sich bei der Lautstärke unterhalten? Selbst in der hintersten Ecke konnte man sein eigenes Wort nicht verstehen. Er war einfach nur froh, sie wiederzusehen. Sein Herz klopfte vor Freude, und wenn es sie glücklich machte? Er begann sich zu bewegen und ließ sich von der Musik tragen.

Nach ein paar Minuten schwitzte er unter seinem Hemd und zog Josy mit sich an die Bar.

„Können wir nicht irgendwo hingehen, wo es nicht so laut ist?“, brüllte er schließlich und stellte sein Bier auf die Theke. „Ich würde mich gerne mit dir in Ruhe unterhalten!“

Josy nuckelte am Strohhalm ihres Drinks und zuckte mit den Schultern. „Okay, von mir aus.“

Finn folgte ihr nach draußen. „Wow, ist das schön ruhig hier“, seufzte er und schloss sie in die Arme. „Du glaubst nicht, wie sehr ich dich vermisst habe“, flüsterte er ihr ins Ohr.

Josy sah zu ihm auf. Ihre Wangen waren gerötet, ihre Augen glänzten, als ob sie Fieber hätte.

„Du mich anscheinend nicht so sehr“, sagte er enttäuscht, als sie nicht antwortete, und gab sie frei.

„Ach was, Unsinn!“, rief Josy und fuhr sich über die Haare. „Natürlich habe ich dich vermisst! Aber so lange war ich ja gar nicht weg. Nur drei Wochen.“

„Wenn das stimmt, warum hast du dich dann nicht mehr bei mir gemeldet?“

„Ach, ich weiß auch nicht. Ich wollte einfach mal Abstand von allem.“

„Auch von mir?“

„Frag doch nicht so dummes Zeug. Sag mir lieber, was du jetzt vorhast.“

„Wie wäre es, wenn wir zu unserem geheimen Platz gehen? Wir könnten es uns da gemütlich machen, du erzählst mir von eurem Mädels-Urlaub, aber wenn du nicht reden willst, könnten wir mal wieder in fremder Leute Fenster schauen."

„Also los", sagte sie und nahm seine Hand.

Es fühlte sich gut an, und vielleicht hatte er sich das nur eingebildet, dass sich zwischen ihnen etwas geändert hatte.

Die alte Schule, die sie so viele Jahre gemeinsam besucht hatten, lag nicht weit entfernt, und die Hintertür der Turnhalle war wie immer unverschlossen.

Finn grinste, als er sie öffnete. „Anscheinend haben die immer noch keinen neuen Hausmeister. Komm."

Er zog Josy hinter sich her durch das Gewirr der Gänge. Die Stufen hoch bis aufs Dach. Kies knirschte unter ihren Füßen, es war dunkel, und über ihnen leuchteten die Sterne. Sie setzten sich nebeneinander auf den Rand der Brüstung und ließen die Beine baumeln. Unter ihnen flüsterten die Kastanienbäume in der leichten Brise der Nacht. Hinter den erleuchteten Fenstern eines Wohnblocks bewegten sich Menschen wie winzige Puppen und gingen ihren abendlichen Beschäftigungen nach.

Wie oft hatten sie hier oben zusammengesessen. Über Probleme geredet, Geheimnisse geteilt und über Mitschüler und Lehrer gelästert. Heimlich den ersten Schluck Alkohol getrunken und ihre erste Zigarette geraucht. Dabei wären sie fast vom Dach gestürzt, weil sie so husten mussten.

Finn legte einen Arm um Josys Schultern. „Hier hat sich nichts verändert, seit wir Kinder waren", sagte er.

Josy lehnte sich nicht an ihn, aber sie entzog sich ihm auch nicht.

„Was denkst du, werden unsere Kinder einmal auch hier oben sitzen und dieses Bild vor Augen haben?"

„*Unsere* Kinder?", fragte sie und sah ihn spöttisch an.

Finn errötete. „Äh, also ich wollte sagen, falls du und ich mal Kinder hätten …, also, wenn du oder ich …", stammelte er und wusste nicht mehr weiter.

Josy begann zu lachen. Zuerst leise, und Finn musste lächeln. Dann lachte sie immer lauter, und es klang irgendwie gemein.

Sie lacht mich aus! Finn beobachtete verstört, wie ihr die Lachtränen über die Wangen liefen, während sie sich aufrappelte.

„Liebst du mich?", fragte sie unvermittelt.

Völlig überrascht über diese Frage und den plötzlichen Stimmungswechsel, stand Finn ebenfalls auf. Er trat zu ihr, legte ihr die Hände auf die Schultern und sah ihr ins Gesicht. Selbst in diesem Dämmerlicht glänzten ihre Augen.

„Ja", sagte er. „Ich liebe dich, Josy. Ich glaube, ich habe dich schon immer geliebt."

„Wie schön", sagte sie, ohne eine Miene zu verziehen.

Dann versetzte sie ihm mit beiden Händen einen heftigen Stoß.

Finn taumelte, verlor das Gleichgewicht und stürzte über die Kante der Brüstung. Er war so schockiert, dass er nicht einmal schreien konnte. Es war ein Reflex, seine Hand packte zu wie von selbst, und er konnte sich gerade noch an der Metallkante festhalten. Doch sein Gewicht zog ihn unerbittlich in die Tiefe.

„Josy!“, schrie er und sah hinauf zu ihr.

Sie beugte sich zu ihm. Das Gesicht wie aus Stein gemeißelt, beobachtete sie seine Anstrengungen, sich festzuklammern.

Sie ist verrückt geworden, oh Gott, was ist nur los mit ihr?

Panisch versuchte er, mit der anderen Hand irgendwo Halt zu finden, scharrte mit den Füßen an der Wand.

Josy würde ihm nicht helfen. Diese Erkenntnis traf ihn wie ein Blitz, als er ihr in die Augen sah.

Mads schlich gebeugt wie ein Greis über den Schulhof und suchte den Boden ab. Hier gab es öfters mal was zu finden, das wertvoll für ihn und seine Truppe war. Essbares, fast noch volle Getränkeflaschen, Feuerzeuge, Päckchen mit Papiertaschentüchern, manchmal sogar Geldscheine, die aus Hosentaschen geflattert waren. Die meisten der Gören, die hier zur Schule gingen, lebten im Überfluss und warfen alles Mögliche weg. Was am Boden landete, war oft die Mühe nicht wert, um es wieder aufzuheben.

Mads bückte sich, hob eine schreiend grüne Plastikbox auf und öffnete sie gespannt. Ein frisch aussehendes Sandwich, ein Doppelstöcker, um genau zu sein, Erdnüsse, ein Schokoriegel und … eine Packung Kondome.

Die wird wohl kaum eine Frau Mama da reingelegt haben, dachte Mads und stopfte sie sich in die Jackentasche. Brauchen konnte er sie ja nicht, aber vielleicht hatte Paule Interesse.

Er hob den Kopf. War da oben jemand?

Er hatte geglaubt, einen Schrei zu hören. Durch das Laub der Bäume konnte er nichts sehen, und jetzt war es wieder so still, wie sich das für ein Schulgelände um diese Uhrzeit gehörte.

Muss mich getäuscht haben, dachte er und begab sich langsamen Schrittes wieder auf die Suche.

Mal sehen, was für Schätze wir noch finden.

„So hilf mir doch“, keuchte Finn. Seine Kräfte ließen nach, er würde sich nicht mehr lange halten können. „Josy, bitte, komm zu dir! Hilf mir!“

Josy balancierte an der Kante. Sie hätte sich nur zu bücken brauchen, seinen Arm packen und ihn hochziehen.

Stattdessen stellte sie einen Fuß auf seine Finger. Nur ganz sachte, kaum spürbar, aber er begann vor Entsetzen zu kreischen.

„Was tust du! Oh Gott! Hör auf, hilf mir! Warum? Warum?“

„Ich wollte nur sehen, ob ich es kann“, flüsterte sie kaum hörbar. „Ich kann es.“

Seine Finger rutschten ab, und Finn stürzte laut schreiend in die Tiefe.

Mads erstarrte zur Salzsäule, als direkt über seinem Kopf Schreie gellten, Holz splitterte und ein Regen aus Kastanienblättern und Ästen auf ihn herunterfiel.

Eine Zehntelsekunde dachte er, dass er einen Herzinfarkt bekäme, als etwas Schweres mit einem lauten Platschen direkt vor seinen Füßen landete.

Eine Puppe, dachte er verwirrt, das ist eine Schaufensterpuppe.

Das musste so sein, denn ein Mensch konnte unmöglich so daliegen. So verdreht.

Was zur Hölle … Er beugte sich zu dem merkwürdigen Bündel und zuckte zurück. Das Gesicht und was er von Armen sehen konnte, war blutüberströmt.

Das ist ein Mensch! Ein junger Bursche, dachte er entsetzt. Der muss tot sein, so kann man nicht aussehen, wenn man noch lebt.

Vorsichtig ging er auf die Knie, die laut knirschend protestierten. Er nahm seinen ganzen Mut zusammen und legte dem Jungen zwei Finger an den Hals. Zuerst konnte er nichts spüren, nur das warme Blut, das ihm über den Daumen lief. Mads schluckte schwer und versuchte, nicht in Panik zu geraten. Am liebsten wäre er davongerannt, so schnell ihn seine wackligen Beine noch trugen.

Dann spürte er einen schwachen Pulsschlag.

Der lebt noch!

Mads sah sich hektisch um. Weit und breit keine Seele zu sehen, und es würde wohl nichts bringen, um Hilfe zu schreien.

Ein Telefon! Ein Königreich oder von mir aus eine Packung Kondome für ein Telefon, dachte er verzweifelt. Warum können diese Kids nicht auch mal eines ihrer Handys hier liegen lassen?

Mads war immer eine ehrliche Haut gewesen, aber er nahm sich vor, bei der nächstbesten Gelegenheit eines zu klauen. Mühsam rappelte er sich auf und rannte los.

Hilfe holen, denn lange würde der Bursche nicht mehr atmen.

Die Gräfin wälzte sich unruhig hin und her. Erst vor einer Stunde war sie im Hotel eingetroffen, und natürlich war die Rezeption wieder nicht besetzt gewesen. Das war sie ja eigentlich nie, doch die Gräfin kannte sich bestens aus und benötigte auch keinen Zimmerschlüssel. Mit letzter Kraft und schweißgebadet hatte sie ihren Koffer in den ersten Stock geschleppt. Der Flur, der ihr schier endlos vorkam, wurde nur vom Schein der Straßenlampen erhellt, der durch die vor Schmutz starrenden Fenster fiel. Aber mehr benötigte die Gräfin nicht, um ihr Zimmer zu finden.

Schwer atmend stellte sie ihren Koffer in eine Ecke. Es war ein langer Tag gewesen, beschwerlich, und wieder hatte sie ihr Ziel nicht erreicht.

Je weiter sie lief, Kilometer um Kilometer, desto weiter schien es sich von ihr zu entfernen. Manchmal glaubte sie es zu sehen, ein Aufblitzen von etwas Vertrauten, nur für einen kurzen Moment. Und dann lief sie schneller. Überzeugt davon, dass es nur noch ein paar Schritte waren, dann würde sie ankommen.

Aber dann musste sie feststellen, dass sie sich getäuscht hatte, und weitergehen.

Im Schlaf zappelten ihre Beine, als würden sie immer noch weitermarschieren. Endlos weiter, bis an das Ende ihres Lebens.

Es klang gedämpft, leise, aber die Gräfin schreckte aus dem Schlaf. Mit weit aufgerissenen Augen starrte sie in die Dunkelheit.

Geht das wieder los, dachte sie und ballte die Fäuste.

Ein verzweifeltes Geschrei, ein Weinen und Betteln, das sie an den Rand des Wahnsinns trieb. Sie packte die fadenscheinige Decke und zog sie sich über den Kopf.

Lieber Gott, mach dem ein Ende und lass mich schlafen!, murmelte sie. Ich halte das nicht aus.

Als hätte Gott sie erhört, wurde es still.

Wenn sich vom Personal niemand darum kümmert, werde ich das wohl selbst tun müssen, dachte sie betrübt. Oder ausziehen.

Sie legte sich wieder hin in dem Wissen, dass sie weder das eine noch das andere tun würde.

Denn wenn sie eines gelernt hatte in ihrem Leben – man musste sich arrangieren.

Hiobsbotschaften

Fassungslos legte Marie das Telefon zur Seite. Tränen strömten ihr über die Wangen, ihre Gedanken überschlugen sich.

„Frau Tauben?“ Klara Groth, die mit der Putzhilfe im Schlepptau das Wohnzimmer betreten hatte, starrte sie erschrocken an. „Was ist denn? Ist etwas passiert?“

Marie schluchzte laut auf, und Klara Groth gab der Putzhilfe ein Zeichen, sie wollten ungestört sein.

„Finn! Das war Finns Mutter. Oh Gott.“

Klara reichte ihr ein Taschentuch, im Magen hatte sie ein flaues Gefühl. Ihr wurde bewusst, dass sie Marie Tauben in all den Jahren noch nie hatte weinen sehen. Es musste schlimm sein. Klara führte sie zu einem Sessel, und Maries Beine knickten ein.

„Soll ich Ihnen ein Glas Wasser holen?“

Marie schüttelte den Kopf und wischte sich die Tränen aus den Augen. „Nein. Nein, danke, es geht schon wieder. Ich … ich, es war so ein Schock. Mein Gott, der arme Junge. Wie soll ich das nur Josy beibringen?“

„Was? Was ist mit ihm?“

„Gestern Nacht ist er vom Dach der Turnhalle gestürzt!“

„Turnhalle?“ Klara konnte ihr nicht folgen. „Wieso? Was hat er denn da auf dem Dach … ist er tot?“ Das flaue Gefühl verwandelte sich in Übelkeit. Klara mochte Josys Freund. Schon immer. Und sie hatte sich riesig gefreut, als sie bemerkt hatte, wie sich die beiden in letzter Zeit angesehen hatten. Verliebt! Ganz eindeutig.

Marie putzte sich lautstark die Nase. „Nein, er ist nicht tot, aber sehr schwer verletzt. Er liegt im Koma, und die Ärzte können keine Prognosen abgeben. Ob er überlebt, und wenn, welche Schäden er davontragen könnte."

Klaras Herz wurde schwer wie ein Stein, sie suchte nach Worten. „Wie hat das nur passieren können? Was hatte er denn auf diesem Dach zu suchen?"

„Das ist mir auch ein Rätsel. Josy war mit ihm in einem Club verabredet, und ich habe sie gehört, als sie um vier Uhr heute Morgen nach Hause gekommen ist. Anscheinend haben sie sich im Lauf des Abends getrennt, denn Finns Mutter hat gesagt, dass ihn irgendein Obdachloser um elf Uhr nachts gefunden hat. Wie soll ich das Josy nur sagen?"

Darauf konnte ihr Klara keine Antwort geben. Sie würde es nicht übers Herz bringen, Josy von dem Unglück zu berichten. Sie wusste nur, dass ihnen düstere Zeiten bevorstanden.

„Die schon wieder", knurrte Paule, als er die Gräfin erblickte.

Den Kopf wie stets hocherhoben, die Hand auf dem Griff des Koffers, der neben ihr her rollte wie ein gut erzogener Hund, marschierte die Gräfin zielstrebig auf sie zu.

„Lass doch", sagte Bernadette. „Weshalb bist du denn immer so ungnädig ihr gegenüber?" Sie spazierte neben Paule und seinem Einkaufswagen durch den Park.

„Ungnädig! Genau das richtige Wort. Das ist es, was mir an der Frau so auf den Wecker geht. Dieses Getue, das gestelzte Gerede, von wegen Frau Gräfin von, zu und nach weiß der Teufel was. Die ist doch vollkommen gestört."

„Ich glaube, du magst sie", kicherte Bernadette. „Sonst würdest du nicht so über sie schimpfen. Und sie sieht ja echt nicht übel aus."

Paule bekam einen roten Kopf. „Spinnst du jetzt völlig? Bei der kann niemand sicher sein, ob sie nicht im nächsten Moment noch ganz überschnappt!"

„Ach, wie schön, Sie hier zu treffen", rief die Gräfin, und für eine Sekunde wirkte ihr Lächeln echt und natürlich.

„Tagchen, gute Frau", erwiderte Bernadette grinsend.

„Ist das nicht ein herrlicher Morgen heute? Ein wunderbares Wetter für einen Spaziergang." Die Frage war an Paule gerichtet, der die Augen verdrehte, sich dann aber doch ein Nicken abrang.

„Verzeihen Sie bitte, ich möchte nicht aufdringlich sein, aber Ihr Freund ist nicht zufällig in der Nähe?", fragte die Gräfin und zupfte nervös an dem Tuch, das sie sich kunstvoll um den dünnen Hals geschlungen hatte.

„Der pennt", sagte Paule. „Der hat heute Nacht kein Auge zugetan und musste schon in aller Herrgottsfrühe wieder bei der Polizei antanzen."

„Polizei?", fragte die Gräfin erschrocken. „Was hat er denn mit der Polizei zu tun? Ich meine, hat er …"

„Ach, was. Mads ist ein Zeuge!“ Paule verlor die Geduld. „Wenn du es genau wissen willst, heute Nacht ist ihm ein junger Kerl von einem Dach direkt vor die Füße gefallen. War nicht mehr viel von ihm übrig.“

Die Gräfin wurde kreidebleich.

„Paule, du Idiot!“, rief Bernadette verärgert.

„Was? Wieso? Stimmt es etwa nicht?“

„Doch! Aber musstest du das so grob sagen? Du hast sie völlig aus der Fassung gebracht.“ Bernadette schüttelte den Kopf und sah der Gräfin nach, die sich eilig aus dem Staub gemacht hatte.

„Sie ist doch sowieso immer so ängstlich und schreckhaft. Du bist ein gefühlloser Klotz, Paule. Ja, das bist du. Ein Klotz und ein Idiot.“

Melly schlenderte die Straße entlang und wich den Passanten aus, die alle anscheinend ein Ziel hatten. Melly mochte diese Seitenstraße, die auf ihrem Heimweg lag. Hier gab es viele kleine Geschäfte mit liebevoll dekorierten Schaufenstern, in die man ewig schauen konnte und immer wieder Neues entdeckte. Hier war es viel gemütlicher als im Zentrum mit den Warenhäusern, edlen Schmuckläden und Modegeschäften, in deren Schaufenstern nicht einmal ein Preisschild hing.

Melly vertrieb sich in dieser Straße gerne die Zeit, wenn sie nicht nach Hause wollte – weil Mama schlief und man möglichst ruhig sein sollte.

Doch an diesem Nachmittag konnte Melly der Schaufensterbummel nicht aufheitern.

Josy hatte sich noch immer nicht bei ihr gemeldet. Dabei hatte sie es doch fest versprochen! Sie war so lange fort gewesen, und Melly hätte ihr doch so viel zu erzählen. Vor allem, dass sie in der Theatergruppe eine Hauptrolle bekommen hatte. Jawohl. Eine Hauptrolle! Und dass Mama ihr eine Ohrfeige verpasst hatte, weil sie etwas gemerkt hatte. Melly hatte wohl zu viel Wasser in die Schnapsflasche gefüllt.

Melly stand vor einem Kiosk und rieb sich gedankenverloren die Wange. Natürlich tat sie nicht mehr weh. Aber innen, innen brannte der Schmerz noch immer. Melly fragte sich, ob ihre Mama den Schnaps mehr liebhatte als sie. Und jetzt hatte Melly noch das Gefühl, dass Josy sie auch nicht mehr so richtig mochte. Nicht mal einen Wangenkuss hatte Josy ihr bei ihrem Wiedersehen gegeben.

Das Gefühl, das Melly so gut kannte, legte sich wieder wie ein schwerer Wintermantel um ihre Schultern. Das war die Traurigkeit. Aber in echt. Nicht so wie die, die Melly einmal in einem Theaterstück vorgemacht hatte. Und die in echt wollte manchmal lange nicht weggehen.

Ich könnte noch auf den Spielplatz, grübelte Melly und seufzte tief. Vielleicht ist ja jemand da.

Ihr Blick fiel auf einen Zeitungsständer, und ihre Augen weiteten sich. Die rote Schlagzeile der Tageszeitung schien regelrecht zu kreischen.

Achtzehnjähriger stürzt vom Dach der Turnhalle. Unfall, Verbrechen oder Selbstmord?

Melly ging näher, kniff die Augen zusammen und las die Zeilen darunter.

Finn M. stürzte gestern am späten Abend aus noch ungeklärten Umständen vom Dach der Turnhalle des

Gymnasiums. Wie es aussieht, konnte er durch eine unverschlossene Tür auf der Rückseite in das Gebäude eindringen. Er wurde schwer verletzt aufgefunden und in ein Krankenhaus gebracht. Über seinen Zustand ist noch nichts bekannt, auch weiß man offensichtlich noch nicht, ob es sich um einen Unfall, ein Verbrechen oder einen Suizidversuch handelt.

Melly schnappte nach Luft.

Finn M.! Das ist unser Finn! Oh, nein. Die arme Josy! Ich muss zu ihr.

Sie rannte los. Finn war Josys Freund, und Melly war manchmal etwas eifersüchtig gewesen, weil Josy so viel Zeit mit ihm verbrachte. Aber nachdem Finn ihr das Schlittschuhlaufen beigebracht hatte, mochte Melly ihn auch.

Und jetzt musste er vielleicht sterben!

„Ich habe keine Ahnung, was Finn auf dem Dach gewollt hat. Wir haben getanzt, und dann hat er sich plötzlich verabschiedet. Er hat gesagt, dass er keine Lust mehr hätte. Ich wollte noch etwas bleiben, na ja, dass es dann vier Uhr werden würde, hätte ich nicht gedacht. Vielleicht hätte ich mit ihm gehen müssen“, murmelte Josy.

„Hat er denn gar nichts gesagt? Was er vorhat? Oder wo er hinwollte?“, fragte Marie.

„Nein, nichts. Er wirkte auch nicht anders. Er war wie immer, ich dachte, er sei einfach nur müde.“

Marie wunderte sich, dass Josy so ruhig blieb. Keine Tränen.

„Kann ich ihn besuchen?“, fragte Josy.

Sie stand in ihrem Zimmer, das seltsam leer wirkte, ohne all die Kissen, Bilder und die vielen kleinen Dinge, die ihr einmal etwas bedeutet hatten. Die Arme hatte sie um ihren Oberkörper geschlungen, als wollte sie sich an sich selbst festhalten.

„Ich weiß nicht, ob das geht“, erwiderte Marie, immer noch irritiert darüber, dass Josy sich ihrer Umarmung entzogen hatte. „Er liegt im Koma.“

„Das hast du schon gesagt, aber bestimmt darf ich zu ihm. Man sagt doch, dass die Leute es mitbekommen, wenn jemand da …“

Die Tür flog auf, und Melly stürmte herein. „Ist das Finn in der Zeitung? Unser Finn?“

„Ja“, sagte Josy und machte einen Schritt zurück. Offenbar wollte sie sich von ihr nicht anfassen lassen.

Melly blieb unschlüssig stehen. Tränen sammelten sich in ihren Augen.

„Muss Finn sterben?“

„Das weiß niemand, Melly“, sagte Marie und nahm sie sanft bei der Hand. „Wir können nur das Beste hoffen und dafür beten, dass Finn es schafft. Und weißt du, ich bin mir eigentlich sicher, dass er gesund wird. Finn ist stark. Doch jetzt ist es schwer für uns alle.“

Sie zog Melly mit sich aus dem Zimmer. „Für Josy ist es ganz besonders schwer“, flüsterte sie dem Mädchen zu, während sie die Treppe hinabstiegen. „Das verstehst du doch sicher. Wir müssen sie jetzt erst mal ein wenig in Ruhe lassen. Komm, ich mach dir einen Kakao.“

Wenn man Angst hat und traurig ist, braucht man eine Freundin, keine Ruhe, dachte Melly verstört. Wir sind doch noch Freundinnen, oder etwa nicht? Blutsschwestern!

Melly verstand die Welt nicht mehr. Das war nicht richtig. Alles war falsch.

Josy blickte durch die Glasscheibe in das Zimmer, in dem farbige Lämpchen im Takt der Geräte blinkten, von denen Schläuche und Kabel zu einem Körper führten. Einem seltsamen Wesen, das bandagiert und eingegipst, wie eine schlecht modellierte Figur auf blauem Bettzeug lag. Kaum noch als Mensch zu erkennen.

Auf dem Flur war kein Laut zu hören, doch Josy wusste, dass all diese Geräte eine Melodie spielten. Ein Piepsen und Rauschen, eine bizarre Symphonie, so lange, bis das Herz nicht mehr schlug. Schon bald?

Josy wandte sich ab und ging.

Gregor Tauben stellte den Motor ab, aber er stieg nicht aus. Er wollte noch einen Moment in dem alten Jaguar sitzen bleiben, den sein Vater günstig erstanden hatte und mit dem er jeden Tag in die Firma gefahren war. Es war ein Oldtimer, es gab längst bessere und bequemere Autos, doch Gregor hing an dem Wagen. Genauso wie an dem Haus mit seinem weitläufigen Garten. Er war todmüde. Normalerweise hätte er sich gefreut, endlich nach Hause zu kommen. Es war der beste Ort der Welt, trotz allem, was hier geschehen war.

Normalerweise.

Aber nach Maries Anruf, dieser schrecklichen Nachricht, war das nicht mehr so. Finn.

Dabei hatte Gregor schon genug Probleme. Seine Pläne, ins Ausland zu expandieren, wurden von seinem schärfsten Konkurrenten torpediert. Auf höchst unlautere Weise. Gregor hatte stundenlang mit den Anwälten diskutiert, was man noch tun könnte, ohne hinter Gittern zu landen.

Morgen, morgen ist auch noch ein Tag, dachte er und stieg aus dem Wagen.

Es war wieder spät, wie immer in der letzten Zeit, fast zehn. Marie saß im Wohnzimmer, in der Hand ein Buch, und auf dem Beistelltisch stand ein Glas Rotwein. Ihr Lächeln wirkte bedrückt, als er sie in die Arme schloss und küsste.

„Wie geht es Josy?", fragte er und setzte sich neben sie auf die Couch.

„Ehrlich gesagt, ich weiß es nicht", erwiderte Marie und schenkte ihm auch ein Glas ein. „Sie ist heute Abend bei Finn im Krankenhaus gewesen."

„Und?"

„Sie hat nur gesagt, sein Zustand sei unverändert, und dann hat sie sich sofort wieder in ihrem Zimmer verkrochen."

„Das ist der Schock. Sie muss das bestimmt erst mal für sich selbst verarbeiten."

„Vielleicht. Aber sag mal, ist dir nichts an ihr aufgefallen, seit sie zurück ist?"

Gregor runzelte die Stirn. „Was meinst du? Die kurzen Haare? Oder was soll mir sonst aufgefallen sein? Ich habe sie ja kaum gesehen in diesen zwei Tagen."

Marie seufzte. Eigentlich hatte sie nichts anderes erwartet. Gregor war so beschäftigt, völlig absorbiert von seinen Plänen, dass er nichts mitbekam. Und normalerweise lief zu Hause ja auch alles bestens. Dank ihr konnte er sich unbehelligt vom Alltagskram auf die Firma konzentrieren. Er hatte das so gewollt. Dass Marie aufhörte zu arbeiten und sich um Josy, das Haus, die Gäste und alle privaten Angelegenheiten kümmerte.

Marie spürte Groll in sich aufsteigen.

„Josy verhält sich anders seit ihrem Urlaub. Sie ist wortkarg, zurückweisend, und sie lässt niemanden mehr an sich heran. Und nein …“ Marie hob die Hand, als Gregor sie unterbrechen wollte.

„… ich glaube nicht, dass es etwas mit ihrem Alter und irgendwelchen rebellischen Anwandlungen zu tun hat. Das geht tiefer. Gregor, du musst dir endlich mal wieder Zeit für deine Tochter nehmen. Wann hast du dich das letzte Mal um sie gekümmert? Rede mit Josy. Versuch, ihr wieder nahe zu sein.“

„Du hast wie immer recht, ich war in den letzten Monaten ein schlechter Vater. Aber du weißt, es lag nur daran, dass in der Firma …“

Marie legte ihm einen Finger auf die Lippen. „Ich weiß, aber jetzt musst du etwas tun. Sie braucht dich. Geh zu ihr.“

Gregor stellte sein Glas ab und stieg die Treppen hoch. Vor Josys Tür blieb er stehen und lauschte.

Es war still, und unter dem Türspalt war kein Licht zu sehen. Unschlüssig hob er die Hand. Sollte er klopfen? Vielleicht schlief sie ja schon.

Schlaf. Herr im Himmel, das war das, was er jetzt dringend brauchte. In seinem Kopf drehte sich alles.

Morgen, morgen beim Frühstück rede ich mit ihr. Er drehte sich um und wankte in sein Schlafzimmer.

Morgen. Und vielleicht würde es ja ein Tag mit ausnahmslos guten Nachrichten werden.

Wer zum Kuckuck ist eigentlich dieser Hiob?, dachte er verbittert. Zum Teufel mit ihm!

Als wäre es ein Fluch

„Mama?" Melly stand vor dem zerwühlten Bett ihrer Mutter. Nur ein paar Haarsträhnen lugten unter der Decke hervor. „Mama?"

Ein Stöhnen, und dann drehte sich ihre Mutter um und blickte sie aus verquollenen Augen an. „Was ist denn? Wie spät ist es?"

„Halb vier", sagte Melly und wusste, was jetzt kam.

„Halb vier? Himmel, Melly, ich habe doch noch mindestens anderthalb Stunden Zeit."

„Ja, schon, aber …"

Ihre Mutter richtete sich ächzend auf. „Was, Melly? Brauchst du was?"

Brauchen würde Melly so vieles. Lauter Dinge, die ihr ihre Mutter nicht geben konnte. Trotzdem stellte sie die Frage.

„Gehst du mit mir ins Krankenhaus? Ich möchte Finn besuchen. Vielleicht muss er sterben, und dann …, dann seh ich ihn nie wieder!" Melly begann zu schluchzen.

Ihre Mutter runzelte die Stirn und versuchte sich zu erinnern. Finn? Wer ist Finn? Wahrscheinlich hatte Melly von ihm erzählt, aber in ihrem Kopf war nur ein Hämmern. Und der Gedanke, dass sie in einer Stunde aufstehen und zur Arbeit musste.

Gott, lass mich sterben, dachte sie und ließ sich wieder auf das Kissen sinken. Ich schaffe das nicht mehr!

Sie tastete nach einem Taschentuch und hielt es Melly hin. „Hier, putz dir die Nase und mach mir einen

Kaffee. Ich steh gleich auf, dann erzählst du mir, wer Finn ist, was passiert ist, und, wenn noch Zeit bleibt, besuchen wir ihn. Einverstanden? Alles gut?“

Melly nahm das Taschentuch, nickte und trottete mit hängenden Schultern aus dem Zimmer. Josy wollte nichts von ihr wissen, und ihre Mutter würde gleich wieder weiterschlafen bis der Wecker klingelte. Und dann war es viel zu spät, um Finn zu besuchen.

Alles war falsch, und Melly konnte den schweren Mantel auf ihren Schultern spüren.

Ich warte heute Abend um acht beim Brunnen im Park auf dich, hatte Josy gesagt. Wir könnten einen Spaziergang machen und anschließend bei Tonio Pizza essen gehen. Josy hatte fast bis Mittag geschlafen und war dann verschwunden. Wohin auch immer.

Marie hatte hocherfreut zugesagt. Endlich, hatte sie gedacht. Endlich kommt sie aus ihrem Schneckenhaus, und vielleicht erzählt sie mir jetzt, was eigentlich los ist.

Gregor hatte in aller Frühe das Haus verlassen und natürlich nicht mit Josy geredet.

„Ich wollte sie nicht wecken.“ Eine Ausrede, aber typisch für ihn.

Klara hatte ihren freien Tag und sich von Gregor in die Stadt mitnehmen lassen. Sie hatte vorgekocht, aber das würde ihnen auch morgen noch schmecken. Marie sah auf die Uhr.

Himmel, ich muss mich beeilen!

Sie wollte Josy auf keinen Fall warten lassen. Zu Fuß dauerte es etwa zwanzig Minuten bis zum Park im Zentrum. Aber das konnte sie schaffen.

In der Stadt gab es mehrere Parks, doch diesen mochte Marie am liebsten. Er war groß, weitläufig, und unter den mächtigen alten Bäumen verstummte der Lärm der Stadt. Das Rauschen des Verkehrs war nur als leises Summen vernehmbar. Die prächtigen Blumenbeete wurden dreimal im Jahr neu bepflanzt. Und im umzäunten Teich tummelten sich bunte Karpfen unter der Aufsicht schnatternder Gänse und Enten.

Ist das Josy?

Marie war sich nicht sicher, aber sie eilte auf die Bank im Schatten einer mächtigen Blutbuche zu. Verloren und zusammengekauert saß eine junge Frau auf der äußersten Kante. Die Kapuze ihres schwarzen Sweatshirts hatte sie weit übers Gesicht gezogen. Sie lächelte, als Marie sich neben sie setzte.

„Ich habe hier ein Rendezvous mit einer sehr netten jungen Dame, die ich sehr mag“, sagte Marie. „Kennen Sie sie vielleicht?“

Josy grinste. „Ich denke schon.“

Und jetzt? Marie stellte fest, dass sie nicht wusste, was sie sagen sollte. Ein Gespräch mit Josy beginnen, ohne dass sie gleich wieder dichtmachte. Früher war das ganz anders gewesen. Ernsthafte Themen oder albernes Geplapper, sie hatten immer einen guten Draht zueinander gehabt.

„Hattest du eigentlich schon vor dem Tod meiner Mutter etwas mit meinem Vater?“

Die Frage kam so unvermittelt, dass Marie die Luft wegblieb.

„Ich meine, ihr habt ja im Büro mehr Zeit zusammen verbracht als meine Eltern zu Hause."

„Um Himmels willen Josy! Wie kommst du nur auf eine solche ..."

Um Josys Lippen spielte ein verkniffenes Lächeln. „Wieso? Das wäre doch nichts Ungewöhnliches. Ich meine, Chef und Sekretärin, ach, entschuldige, Assistentin natürlich, das passiert doch jeden Tag!"

Marie musste entsetzt feststellen, dass ihre Wangen glühten. Nicht nur, weil sie fassungslos angesichts dieser Frage war, sondern weil sie sich ertappt fühlte. Ihr blieb nur die Wahrheit.

„Ich verstehe nicht, weshalb du mir eine solche Frage stellst. Aber schön. Es stimmt, Josy, dass ich seit dem Moment, als ich Gregor begegnet bin, in ihn verliebt war. Aber niemals hätte ich etwas mit ihm angefangen. Und glaube mir, auch dein Vater hätte niemals eine Affäre begonnen. Er war glücklich mit Christine, er hat sie über alles geliebt, geradezu vergöttert."

„Reg dich nicht auf, ich wollte es nur wissen", sagte Josy und stützte den Kopf auf die Hände. „Hätte doch sein können, dass du meine Mutter aus dem Weg geschafft hast, weil du ihren Platz einnehmen wolltest."

Sie sagte das so leise und beiläufig, dass Marie einen Moment dachte, sie hätte sich verhört. Das musste so sein. Das konnte Josy nicht gedacht, geschweige denn tatsächlich ausgesprochen haben.

Bevor Marie etwas erwidern konnte, drehte Josy den Kopf und sah sie an. „Meinen Vater liebst du, das hätten wir ja schon geklärt. Aber mich? Wie sehr liebst du mich?"

Es war ein Stich ins Herz.

Nach all den Jahren, in denen sie eine enge Beziehung aufgebaut hatten. Gemeinsam gelacht, geweint und so viel miteinander geteilt hatten.

„Josy. Was ist nur los mit dir? Warum stellst du mir solche Fragen? Du weißt doch ganz genau, wie viel du mir bedeutest. Ich verstehe einfach nicht …“

Josy sprang mit einem Satz von der Bank und lachte. „Lass gut sein, das war doch nur ein Witz. Komm, lass uns eine Runde durch den Park drehen, bevor wir uns mit Pizza vollschlagen.“

Ein Witz? Das sollte ein Witz gewesen sein?

Marie war wie betäubt und wäre am liebsten einfach sitzen geblieben. Aber sie folgte Josy in die hereinbrechende Nacht.

„Die gnä` Frau hat dich heute gesucht“, sagte Paule und nahm einen kräftigen Schluck aus der Flasche. Schnaps mit viel Promille, das konnte man schon an seiner verwaschenen Aussprache hören. Er hatte den billigen Fusel irgendwo geklaut und seine Zeit der Abstinenz für beendet erklärt. Bernadette unterstützte ihn tatkräftig bei der Vernichtung. Ihre Augen waren glasig.

Mads sank das Herz. Er selbst trank vielleicht höchstens mal ein Bier seit jenem verhängnisvollen Tag, der sein Leben zerstört hatte. Und er hasste es, wenn seine Freunde tranken. Im Suff waren sie verletzlich. Und schlimmer noch, sie könnten Dinge tun, die man nicht wiedergutmachen konnte.

„Was wollte sie denn?“, fragte er resigniert.

Er wusste, die beiden würden die Flasche leeren und dann halb bewusstlos auf ihre Matratzen kippen. Er war sich ziemlich sicher, dass sie kaum etwas im Magen hatten.

„Dasch hat schie uns nicht verraten“, nuschelte Bernadette.

„Wahrscheinlich wollte sie sich wieder mal über ihre Unterkunft beschweren“, knurrte Paule. „Ich möchte wirklich zu gerne wissen, wo die pennt. Irgendwann schleiche ich ihr nach.“

Bernadette kicherte. „Vielleicht darscht du dann neben ihr im groschen Bett in ihrer Schuite schlafen.“

Mit den beiden ist heute nichts mehr anzufangen, dachte Mads und rappelte sich auf.

„Ich dreh mal noch eine Runde“, sagte er.

Er ging gerne abends durch den Park, wenn die Spaziergänger und die Mütter mit ihren Kindern verschwunden waren.

Man sollte sich nur umschauen, ob sich die Rattenjäger schon irgendwo in der Dunkelheit versammelten.

„Wenn du möchtest, besuchen wir Finn morgen gemeinsam“, sagte Marie.

Sie näherten sich einer Gruppe alter Bäume, deren Nadeläste so ineinander verflochten waren, dass sie aussahen wie eine riesige, dunkle Wolke. Die Kugellampe, die sie eben passiert hatten, warf ihre beiden Schatten auf dem Weg voraus. Langgezogene, dünne Silhouetten zweier Außerirdischer.

„Ich werde ihn nicht mehr besuchen. Das Kapitel Finn ist für mich abgeschlossen“, sagte Josy.

„Aber weshalb denn? Ihr wart doch die besten Freunde, und eigentlich bin ich mir sicher, dass da auch noch mehr war. Josy, was ist zwischen dir und Finn vorgefallen?“

„Vorgefallen? Nichts. Außer, dass ich ihn vom Dach gestoßen habe.“

Marie blieb stehen, als wäre sie in eine Wand gelaufen.

„Um Himmels willen! Josy! Was … was redest du denn da?“, stammelte sie.

Josy spazierte ungerührt weiter. Entfernte sich aus dem Lichtkegel und schien mit der Schwärze der Bäume zu verschmelzen.

„Josy! Bleib stehen!“, keuchte Marie und schaffte es, ihre Beine wieder in Bewegung zu setzen.

„Josy! Antworte mir!“ Marie packte sie an der Schulter und drehte sie zu sich. Josys Gesicht lag im Schatten ihrer Kapuze. Blass und schmal, die grünen Augen schimmerten wie winzige Seen.

„Was willst du denn wissen?“ fragte sie ohne eine erkennbare Regung.

„Du … Du kannst das nicht getan haben, sag mir, dass das nicht stimmt!“

„Willst du, dass ich lüge? Ich habe es getan, hörst du? Ich war das, ich habe Finn vom Dach gestoßen.“

Maries Gedanken überschlugen sich. „Ein Unfall! Das war doch bestimmt ein Unfall, und jetzt fühlst du dich schuldig. Aber mein Gott, Josy, du …“

Josy schüttelte den Kopf. „Nein, es war kein Unfall. Ich wollte das.“

Maries Beine drohten zu versagen. Eine eisige Kälte kroch ihr in die Glieder.

Sie hat den Verstand verloren, dachte Marie und versuchte, ruhig zu bleiben. Sie ist verrückt geworden. Irgendetwas hat sie krank gemacht. Die Drogen! Ja, das muss es sein. Wer weiß, was sie tatsächlich alles genommen hat. Ich muss sie nach Hause oder, besser noch, schnell zu einem Arzt bringen.

„Josy, ich denke, wir …"

„Was. Was denkst du? Willst du denn gar nicht wissen, warum ich das getan habe?"

„Doch, natürlich." Marie nestelte hektisch in ihrer Handtasche. Gregor, er muss sofort nach Hause kommen! Wohin zum Teufel ist dieses Handy nur wieder gerutscht? Auf ihrer Haut bildeten sich Schweißperlen.

„Es war ein Test", sagte Josy.

Marie hob den Kopf und sah ihr ins Gesicht. Sie hatte noch gezweifelt, gehofft, aber jetzt gab es nichts mehr zu rütteln.

Josy hatte den Verstand verloren.

„Ein Test?" Maries Stimme klang schwach, es war kaum mehr als ein Flüstern.

„Ja, nur ein Test. Finn ist mir eigentlich völlig egal. Er ist ein dummer Junge, der keine Ahnung hat vom Leben. Faselt was von Liebe. Liebe! Ich lach mich tot! Was weiß der denn schon davon. Wahrscheinlich wäre er mir noch ewig mit seinem Gesülze auf die Nerven gegangen. Also habe ich es an ihm ausprobiert. Ob ich es kann. Und weißt du was?"

Josy schlang den Arm um Maries Schultern und zog sie an sich.

„Ich. Kann. Es", flüsterte sie.

Ein gewaltiger Schmerz loderte in ihrem Bauch und raubte Marie den Atem. Ihre Beine gaben nach, aber Josy hielt sie fest umklammert. Dann schoss ihr der Schmerz in die Brust, den Hals, und Josys Gesicht, ganz dicht vor ihren Augen, schien sich aufzulösen, wie Morgennebel.

„Mach's gut, Marie." Es klang fast zärtlich, und es war das Letzte, was sie hörte.

Mads schlenderte gedankenverloren durch den Park. Es war still, sogar die Gänse beim Teich hatten aufgehört zu schnattern. Wahrscheinlich schliefen sie schon. Er beneidete sie manchmal. Sie hatten ihr Daunenbett immer dabei, brauchten nur den Kopf unter einen Flügel zu stecken, und schon hatten sie es warm und weich. Sorgenvoll dachte er an den nahenden Winter. Um diese Uhrzeit konnte man den Herbst schon deutlich riechen. Die Tage wurden immer kürzer, und ihr Nachtlager würde bald ungemütlich werden.

Letzten Herbst hatten sie eine der Türen im Pfeiler der Brücke unter einer Hauptstraße aufgebrochen. Dahinter gab es einen kleinen Raum, in dem man früher irgendwelche Geräte für den Straßenunterhalt aufbewahrt hatte. Ein paar Wochen hatten sie da gehaust wie in einem winzigen Zimmer. Aber dann hatte der Rauch ihres Lagerfeuers sie verraten, und man hatte sie vertrieben.

Aber wir könnten es noch mal versuchen, dachte Mads. Wir dürfen nur in der Nähe kein Feuer mehr machen und … Er blieb abrupt stehen und kniff die Augen zusammen.

Fast hätte er die beiden übersehen. Die Frau trug eine helle Jacke, nur deshalb hoben sie sich von der Baumgruppe ab. Ein Liebespaar?

Er wollte weitergehen, als die Frau zu Boden sank. Auf eine Art und Weise, die sein Herz schneller schlagen ließ. Die andere Person – ein Junge? – beugte sich über sie. Ein gesichtsloser Schemen, denn die Kapuze bedeckte fast den ganzen Kopf.

Mads wollte rufen, fragen, ob sie Hilfe benötigten, als der Schatten sich umdrehte und davonrannte.

Bitte steh auf, dachte Mads und rang die Hände. Los, steh auf, klopf dir den Schmutz von den Kleidern und geh nach Hause.

Er hatte ein mulmiges Gefühl im Magen. Das fehlte noch, dass er wieder in irgendeine üble Sache hineingezogen wurde.

Doch die Frau regte sich nicht, und Mads trat nervös von einem Fuß auf den anderen.

„Hallo?“, rief er zaghaft. „Hallo, Sie da?“

Keine Reaktion, und jetzt ahnte Mads, dass es wohl besser gewesen wäre, wenn er auf seinen Rundgang verzichtet hätte. Er sah sich hoffnungsvoll um, ob da jemand wäre, der sich kümmern konnte.

Natürlich nicht, also ging er zögernd zu der am Boden liegenden Frau. Bei der Baumgruppe gab es nur spärliches Licht, aber es reichte aus, um seinen Magen zu heben.

„Oh verflucht, nein!“, brüllte er.

Die Frau lag da, wie eine schlafende Prinzessin, über die jemand einen Eimer Sirup gekippt hatte. Nur dass es kein Sirup war. Es war Blut, das aus ihrem Hals sickerte. Ein dunkles Rinnsal.

„Scheiße, nein!“ Mads ließ sich auf die Knie fallen, und ohne zu überlegen drückte er seine Hand auf die Wunde.

„Hilfe!“, schrie er. „Jemand muss ihr helfen!“ Im selben Moment wurde ihm bewusst, dass ihr nicht mehr zu helfen war. Die Frau war tot.

Ich bin verflucht, dachte er und zog panisch die Hand zurück. Das kann doch nicht wahr sein. Diese Stadt ist verflucht! Ich muss hier weg!

Völlig außer sich starrte er auf seine Hand, an der Blut klebte, glänzend wie ein Handschuh aus Lack. Er versuchte es an der Kleidung der Toten abzustreifen, während seine Gedanken rasten.

Zuerst der Junge vom Dach, der womöglich auch nicht überleben würde, und jetzt das! Wer würde ihm glauben, dass es Zufall war? Ein idiotischer Streich des Schicksals, der ihm Stunden auf dem Polizeirevier bescheren würde. Oder vielleicht sogar den Rest seines kümmerlichen Lebens in einer Zelle?

Ich muss sofort verschwinden, dachte er bestürzt. Der Frau ist nicht mehr zu helfen, und irgendwer wird sie schon finden.

Er wollte sich aufrappeln, als sich eine Hand auf seine Schulter legte.

„Na? Was haben wir denn hier?“

Mads blieb das Herz stehen.

„Eine Ratte!“, hörte er eine zweite Stimme sagen. Sie klang triumphierend.

„Und? Was treibt solches Gesindel hier im Dunkeln mit einer Frau? Lass mal sehen!“

Rattenjäger!

Mads wollte sich aufrichten, wegrennen, so schnell er konnte, aber er wurde an den Haaren gepackt und zur Seite gerissen.

Als er aufsah, standen drei kräftige Burschen in Lederjacken um ihn. Ihre Füße steckten in klobigen Stiefeln, und er wusste, was jetzt kam.

„Scheiße, Mann! Die ist ja tot! Das Schwein hat die abgestochen!“

Mads versuchte, seitlich wegzurobben, aber einer der Stiefel landete auf seinem Bauch und drückte ihn nieder.

„Echt jetzt? Ist sie tot?“ Der Größte der drei Kerle beugte sich über die Leiche und stieß einen zischenden Laut aus. „Tatsächlich. So tot, wie man nur sein kann.“ Er drehte sich zu Mads, und seine Augen funkelten. Vor Entsetzen? Oder Zorn? Nein, Mads konnte erkennen, dass sich pures Vergnügen darin spiegelte.

„Das war ich nicht“, sagte er, obwohl er ganz genau wusste, dass es vollkommen sinnlos war. Er könnte ihnen jetzt sonst was erzählen, doch das würde sie nicht aufhalten. „Ich habe gesehen, wie es passiert ist, ich wollte nur helfen.“

„Helfen? Habt ihr das gehört? Die Ratte wollte helfen.“ Sie lachten. Ein böses Lachen, bei dem Mads übel wurde.

Ein heftiger Tritt in die Seite ließ ihn aufschreien.

„Du wolltest die Frau vergewaltigen, stimmt’s? Und als sie sich gewehrt hat, hast du sie einfach abgestochen, du mieses Schwein!“

Die Tritte kamen nun von allen Seiten, er versuchte vergeblich, seinen Körper mit den Händen zu schützen.

„Nein!“, brüllte er. „Ich war das nicht! Aufhören! Bitte hört auf! Nein!“

Schmerzen jagten durch seinen Körper, als er erneut versuchte, sich aufzurichten. Doch er hatte keine Chance. Die Stimmen seiner Peiniger verschmolzen zu einem gehässigen Chor.

„Du miese Drecksratte, du Vieh, dafür wirst du büßen!“

„Krepier, du elendes Stück Scheiße!“

„Stirb, du stinkender Haufen Abschaum!“

Das würde er.

Sterben.

Darüber gab es keinen Zweifel mehr. Mads versuchte, den Kopf mit den Armen zu schützen, rollte sich zusammen wie ein Embryo, und obwohl ihm die Sinne schwanden, konnte er sich noch wundern.

Über die gellenden Schreie, die ihm fast das Trommelfell zerrissen. Es waren seine eigenen.

Hinter den Fenstern der Villa brannten ein paar Lichter, aber Josy wusste, dass niemand zu Hause war.

Es war die Zeitschaltuhr, die bei einbrechender Dämmerung die Illusion erweckte, dass jemand da war.

Der Platz des Jaguars war leer, und Klara hatte erzählt, dass sie an ihrem freien Tag den Abend mit einer Freundin im Kino verbringen wollte.

Und Marie würde nie wieder dieses Haus betreten.

Josy schloss die Haustür auf, gab den Code der Alarmanlage ein und blieb mitten in der Eingangshalle stehen. Sie neigte den Kopf zur Seite und lauschte.

Es war still. So still, dass man das Haus atmen hörte.

Willst du mir etwas erzählen?, dachte Josy. Etwas, was ich noch nicht weiß? Mich anklagen?

Wie eine Antwort schlug die alte Standuhr im Wohnzimmer. Ein Erbstück des Großvaters, er hatte das Monster aus dunkelbraunem Holz auf irgendeiner Reise gekauft.

In Paris? Josy hatte keine Ahnung, und es spielte auch keine Rolle. Jetzt musste sie duschen. Und die Kleider mussten verschwinden. Sie hob den Arm und schnupperte an ihrem Ärmel.

Sie konnte Maries Blut daran riechen.

Es roch genauso wie ihr eigenes.

„Hast du das auch gehört?“ Ruckartig richtete sich Bernadette auf. Erschrocken blinzelte sie in die Dunkelheit und lauschte.

„Ja, verflucht!“ Paule rollte sich ächzend von der Matratze. Man hätte taub sein müssen, um das nicht zu hören. Schmerzensschreie, die durch Mark und Bein gingen.

„Oh Gott! Das ist doch Mads!“ Bernadette sprang auf die Füße.

Einen Moment schwankte sie wie ein Schilfrohr im Wind, der Alkohol brachte sie aus dem Gleichgewicht. Aber das konnte sie nicht aufhalten. „Los, schnell, wir müssen ihm helfen!“, rief sie und taumelte vorwärts.

Paule sah sich hektisch um. Er suchte etwas, womit sie sich verteidigen konnten. Freundlich guten Abend zu wünschen, würde wohl kaum ausreichen.

Neben den Matratzen türmte sich allerlei Zeugs, vorwiegend Klamotten, aber glücklicherweise auch ein Gehstock, den jemand mal bei einer Bank vergessen hatte.

Paule packte ihn und nach kurzer Überlegung auch die inzwischen geleerte Schnapsflasche und rannte Bernadette fluchend hinterher.

Sie waren leicht zu finden, obwohl die Schreie verstummt waren. Das Bündel, das zwischen den immer noch zutretenden Männern lag, gab nur noch leise, wimmernde Laute von sich.

Der Anblick ließ bei Paule sämtliche Sicherungen durchbrennen. Er war groß und kräftig, Bernadette nannte ihn manchmal einen dummen Bären, und normalerweise machte er einen weiten Bogen um solche Typen.

Aber nun wurde er von einem unbändigen Zorn vorwärts gepeitscht.

Laut brüllend stürzte er sich auf die Kerle, die völlig überrumpelt auseinanderstoben. Fast blind vor Wut schlug Paule zu. Die Spitze des Gehstocks landete mitten in einem der Gesichter. Es gab ein knirschendes Geräusch, und begleitet von lautem Geheul, schoss Blut aus der wohl gebrochenen Nase.

Der Kerl torkelte rückwärts davon, aber nun wurde Paule von hinten angegriffen. Der Tritt in seine Kniekehle hätte ihn fast zu Fall gebracht, aber er drehte sich blitzschnell um und schlug wieder zu. Diesmal mit der Schnapsflasche auf einen kahlgeschorenen Kopf. Sie zersplitterte, ein letzter Rest von dem Fusel floss über den Ausdruck völliger Überraschung, bevor der Mann mit verdrehten Augen zu Boden sank.

Schnaufend wie ein Stier kam Paule halbwegs zu sich und sah sich um. Bernadette hing kreischend am Rücken des einzigen Angreifers, der noch auf den Beinen stand.

Die Arme hatte sie ihm um den Hals geschlungen, mit den Beinen umklammerte sie seinen Bauch, und gemeinsam drehten sie sich im Kreis, während der Kerl vergeblich versuchte, sie abzuschütteln.

Paule wollte auf sie zustürmen, um Bernadette zu helfen, als hinter ihm eine Stimme dröhnte.

„Aufhören! Sofort!"

Die Lichtkegel zweier Taschenlampen glitten über die Szene. „Himmel, was für ein Schlachtfeld!"

Die Bullen, dachte Paule und plumpste auf seinen Hintern. Er fühlte sich plötzlich schwach wie ein Kleinkind, und er konnte sich nicht erinnern, dass er sich jemals gefreut hätte, die Bullen zu sehen. Aber jetzt tat er es.

„Mads!", schrie Bernadette, und lief zu ihm. „Mads, nein! Du darfst nicht sterben! Mads! Mads!"

Paule drehte sich zur Seite und erbrach sich.

„Nochmals unser herzliches Beileid", sagte einer der Beamten, die Gregor die Nachricht überbracht hatten. Als Klara früher als geplant zurückgekommen war, weil ihr der Film überhaupt nicht gefallen hatte, konnte sie noch mit dem Notarzt reden, der sich um Gregor und Josy gekümmert hatte.

Josy hatte sich weinend in ihrem Zimmer verbarrikadiert, und Gregor saß mit den Händen vor dem Gesicht auf dem Sofa und rührte sich nicht. Er war zusammengebrochen und jetzt wie gelähmt.

„Sie verstehen sicher, dass wir noch viele Fragen haben und morgen noch einmal mit Ihnen reden müssen. Könnten Sie so gegen Mittag vorbeikommen?“

Ganz automatisch griff Gregor nach der Karte, die ihm der Beamte hinhielt und sah sie an, als hätte er noch nie im Leben ein Stück Papier gesehen.

„Ich werde dafür sorgen“, schluchzte Klara und versuchte, den nicht enden wollenden Tränenstrom mit einen Taschentuch aufzuhalten. „Ich kümmere mich um ihn.“

Als sich die Haustür hinter den Männern geschlossen hatte, lehnte sie sich daran und schien sich nicht mehr rühren zu können.

Gregor konnte sie weinen hören. Ich sollte etwas tun, dachte er. Ich sollte sie in den Arm nehmen. Und ich sollte rauf zu Josy gehen. Josy. Nun gibt es nur noch uns beide. Ich muss mich um sie kümmern.

Aber er konnte es nicht. Er saß da, kaum noch bei Verstand.

Marie ist tot. Marie ist tot.

Der Gedanke kreiste in einer Endlosschlaufe in seinem Kopf, aber es konnte nicht wahr sein. Marie tot. Christine tot. Es war wie ein Fluch. Das konnte nicht sein, das durfte nicht sein. Nur ein grausamer Albtraum, aus dem er bald erwachen würde. Aufwachen und darüber den Kopf schütteln.

Doch der Schmerz, der ihn in Stücke zu zerreißen drohte, war echt.

Marie ist tot.

Klara saß am Küchentisch und versuchte, sich zu fassen.

Ich muss mich zusammennehmen. Ich muss stark sein und mich kümmern. Ja, das muss ich.

Sie putzte sich lautstark die Nase und sah sich um. Alles war noch so blankgeputzt und aufgeräumt, wie sie es am Morgen verlassen hatte.

Als wäre nichts geschehen.

Sie wurde von einem neuerlichen Weinkrampf geschüttelt, mühsam erhob sie sich und machte sich ans Werk. Sie wollte für Josy einen Kakao kochen. Ein Überbleibsel aus Kindertagen und Mellys liebstes Getränk. Etwas Besseres fiel ihr nicht ein.

Während sie darauf wartete, dass die Milch kochte, stiegen quälende Erinnerungen in ihr hoch. Bilder, vor denen sie nicht einfach die Augen verschließen konnte.

Christine, die nach der Geburt immer tiefer in einer Dunkelheit versunken war, aus der sie nicht mehr zurückkehren konnte.

Josy als fünfjähriges Mädchen, das nicht begreifen konnte, dass ihre Mama für immer zu den Engeln gegangen war.

Gregor, der sein Lachen verloren hatte und es erst mit Maries Hilfe wiedergefunden hatte.

Und jetzt hatte man Marie ermordet.

Das Leid, das Klara empfand, breitete sich in ihrem Körper aus wie eine unheilbare Krankheit.

Es ist, als hätte sich seit Josys Geburt ein Fluch über die Familie gelegt, dachte sie tief bekümmert.

Sie goss den Kakao auf und versuchte vergeblich zu verdrängen, was sie wirklich fühlte.

Schuld.

Josy hatte sich die Decke bis über den Kopf gezogen und regte sich nicht, als Klara an ihr Bett trat. Sie konnte den Kakao riechen, hören, wie Klara die Tasse auf den Nachttisch stellte, und das feine Geräusch, das der Blister mit den Tabletten von sich gab, als Klara ihn nahm und inspizierte.

Schlaftabletten. Maries Schlaftabletten. Zwei fehlten.

Siehst du, ich schlafe tief und fest, dachte Josy, und wie erwartet, entfernte sich Klara leise aus dem Zimmer.

Kurz darauf wurde die Tür wieder geöffnet, ihr Vater setzte sich auf die Bettkante und strich ihr über den Rücken.

„Ja, so ist es gut, mein Liebes. Schlaf, wir brauchen jetzt alle Kraft. Du und ich, wir müssen …" Die Worte gingen in ein leises Schluchzen über. Es dauerte lange, bis er sich wieder gefasst hatte.

„Ich sollte mich auch hinlegen. Was ist das, was hast du da?"

Das Knistern verriet ihr, dass Gregor drei Schlaftabletten aus dem Blister drückte. Es würde schwierig werden, ihn am Morgen wach zu bekommen.

Josy schwitzte unter der Decke, sie lag vollständig angezogen darunter. Jetzt geh schon, dachte sie ungeduldig.

Als hätte Gregor sie gehört, schlurfte er aus dem Zimmer.

Endlich! Josy schlug die Bettdecke zurück und seufzte. War es das jetzt? Ich muss vorsichtig sein.

Nach kurzer Überlegung schlüpfte sie in ihre Schuhe.

Egal, was soll schon passieren.

Besucher

Die beiden Patienten, mit denen Mads das Krankenzimmer teilte, machten es sich wieder bequem. Das Spektakel war vorbei.

„Auf Wiedersehen“, sagte Mads zu den Beamten, als sie das Zimmer verließen. Obwohl er liebend gerne darauf verzichten würde.

Nicht, dass die Beamten der Mordkommission nicht nett und höflich gewesen wären – und er so unschuldig wie ein Neugeborenes, aber trotzdem ... Unter ihren bohrenden Blicken und durch die unzähligen, sich ständig wiederholenden Fragen war er ziemlich nervös geworden. Kein schönes Gefühl.

Doch sie würden wiederkommen, das wusste er, auch wenn sie ihm zu glauben schienen, dass er tatsächlich nichts mit dem Mord an der armen Frau zu tun hatte. Weder er noch Paule und Bernadette. Schließlich bestand ihr einziger Bezugspunkt zur Familie Tauben darin, dass sie gelegentlich deren Brötchen futterten. Bislang hatte man die Tatwaffe nicht gefunden. Ein Messer. Mads schauderte, als er an das Blut an seinen Händen dachte.

Die drei Schläger saßen noch in einer Zelle, es war nicht das erste Mal, dass man ihnen ein Gewaltdelikt vorwarf. Doch sie kamen – wenigstens für dieses Verbrechen – auch nicht in Frage. Mads hatte das bestätigt und, so gut er konnte, eine Beschreibung des Jungen abgegeben, den er mit der Frau gesehen hatte. Völlig nutzlos, das hatte er in den enttäuschten Gesichtern der Beamten lesen können.

Mads hatte unglaubliches Glück gehabt. Er hatte trotz dieser Gewaltorgie keine schweren Verletzungen davongetragen, lediglich zwei angeknackste Rippen, Prellungen am ganzen Körper und ein vollständig zugeschwollenes Auge. Aber Gott sei Dank keine inneren Verletzungen.

„Sind Sie sicher?“, hatte er nach Atem japsend den Arzt gefragt, der die Untersuchungen an ihm vorgenommen hatte. „Es fühlt sich nämlich so an, als ob meine Nieren sich in Kartoffelbrei verwandelt hätten.“

„Ganz sicher“, hatte der Arzt gesagt und freundlich gelächelt. „Und einen kleinen Rest von Humor konnten wir anscheinend auch noch retten.“

Ja, Mads hatte viel Glück gehabt. Glück, dass er an diesem Abend, an dem es schon etwas kühl war, wieder seine alte Angewohnheit aufgenommen hatte. Zwiebellook, nannte man das wohl, wenn man mehrere Kleidungsstücke übereinander trug. Abgesehen davon, dass er ohnehin ständig fröstelte, kam das noch aus den Tagen, als er öfter mal schnell hatte verschwinden müssen – und keine Zeit blieb, die Habseligkeiten zusammenzuraffen. Was man am Leibe trug, konnte man retten.

Und diese alte Gepflogenheit hatte ihn gerettet. Und natürlich Paule und Bernadette.

Mads konnte sich trotz allem ein Grinsen nicht verkneifen, als er daran dachte, wie Paule gebrüllt hatte. So hatte er ihn noch nie gehört. Es hatte so furchteinflößend geklungen, dass wahrscheinlich sämtliche Vögel von den Bäumen gefallen waren. Und Bernadettes Gekreische, mit dem sie jedes Sägeblatt übertönt hätte. Sie hatten beide ihr Leben für ihn riskiert, als sie sich mit diesen brutalen Idioten angelegt hatten.

Tränen sammelten sich in Mads Augen. Bisher hatte er das Gefühl gehabt, dass sie nichts weiter als eine Zweckgemeinschaft bildeten. Aber wenn das keine echte Freundschaft war!

Jetzt aber mal nicht sentimental werden, dachte er und griff nach dem Tablett, das auf seinem Nachttisch stand.

Lass mal sehen.

Verhungern musste in dem Krankenhaus niemand, und wenn er fragte, bekam er Nachschlag. Und er wollte Nachschlag. Bald würden seine beiden Helden auftauchen, um ihm erneut einen Besuch abzustatten. Und sie würden nicht mit leeren Händen gehen.

Orangen, jetzt schon? dachte er und schnupperte an der Frucht. Bernadette wird sich freuen.

Er schwang die Füße aus dem Bett, griff nach dem rollbaren Ständer, an dem sein Infusionsbeutel mit Vitaminen und sonstigen leckeren Sachen baumelte, und schlüpfte in die Pantoffeln, die man ihm hingestellt hatte. Einer der Männer, mit dem er das Zimmer teilte, schnarchte schon wieder wie ein kranker Löwe. Es würde sich himmlisch anfühlen, dieses Geräusch für ein halbes Stündchen hinter sich zu lassen.

Mads schlurfte den Flur entlang, drückte auf den Fahrstuhlknopf und stellte sich zu der Besucherschar, die sich hier eingefunden hatten, in die Kabine. Mitleidig musterten sie sein verquollenes Gesicht, und als er sie ansah, blickten sie betreten zur Seite. Im ersten Stock stieg er aus. Auch er wollte jetzt einen

Besuch machen, nachdem er von einer der Schwestern erfahren hatte, dass der Junge vom Dach auch hier lag.

Finn, so hieß er.

Mads wackelte den Gang entlang und musterte die Zimmernummern. Auf dieser Etage war alles etwas anders als auf seinem Stockwerk. Viel ruhiger, fast still. Vor Finns Zimmer, dessen Wände zur Hälfte aus Glas bestanden, stand ein Mädchen mit gesenktem Kopf. Sie mochte etwa zwölf Jahre alt sein, aber ihre Körperhaltung vermittelte den Kummer eines ganzen Lebens.

„Hallo, kleine Lady", sagte Mads und stellte sich neben sie.

Das Mädchen hob den Kopf und sah ihn an. Ihr rundes Gesichtchen war gerötet, genauso wie ihre leicht schräggestellten Augen.

„Mein Name ist Mads. Ich bin derjenige, der Finn gefunden hat."

Ihr kleiner Mund formte ein überraschtes Oh, aber sie musste erst schlucken, bevor sie etwas sagen konnte.

„Dann warst du das? Du hast Finn gerettet?", fragte sie.

Gerettet würde ich ja jetzt nicht sagen, wenn ich mir den armen Kerl so anschaue, dachte Mads bekümmert. Aber er setzte sein bestes Lächeln auf. „Ja, das habe ich wohl. Und wer bist du? Bist du mit Finn verwandt?"

Sie schüttelte den Kopf, streckte ihm die Hand hin, und er ergriff sie behutsam. „Ich bin Melly, ich bin eine Freundin von Finn. Also eigentlich von Josy. Sie ist seine richtige Freundin, aber weil Josy meine Freundin ist, bin ich auch eine Freundin von Finn."

„Aha, so ist das also. Alles klar.“ Was für ein bezauberndes Mädchen, dachte er. Es tat ihm in der Seele weh, sie so bekümmert zu sehen. Er wusste nicht, wie er sie aufmuntern könnte, von frommen Lügen hielt er nicht viel. Also drehte er sich um und Seite an Seite blickten sie durch die Scheibe.

„Eine Schwester hat mir erzählt, dass er vielleicht bald aufwachen könnte“, sagte Melly.

„Das sind ja großartige Nachrichten!“

„Ich weiß nicht. Dann ist er immer noch ganz schlimm krank. Vielleicht wird er auch nie wieder gesund, und ich kann nie wieder mit ihm Schlittschuhlaufen gehen. Er wollte mir doch noch beibringen, wie man rückwärts läuft.“

Ach herrjeh, Mads seufzte leise. „So darfst du nicht denken, hörst du? Du musst fest daran glauben, dass er wieder gesund wird. Und wenn Finn aufwacht, musst du für ihn da sein. Das tun gute Freunde. Sie sind immer füreinander da, ganz egal, was passiert.“

„Auch, wenn sie das gar nicht wollen? Wenn sie ihre Ruhe haben wollen und nichts mehr reden?“

„Dann haben sie vielleicht gute Gründe dafür, und man darf nicht beleidigt sein oder ihnen Vorwürfe machen. Aber man muss sich bereit halten für den Moment, an dem sich das wieder ändert. Dann kann man sie in den Arm nehmen und ihnen zur Seite stehen.“

„Meinst du?“ Melly runzelte die Stirn. „Dann soll ich also warten, bis Josy wieder mit mir redet?“

„Ich habe ja keine Ahnung, was zwischen euch vorgefallen ist, aber hör einfach ganz tief in dich hinein. Dann wirst du schon das Richtige tun.“

„Ich muss sie aber jetzt trösten!“ Melly begann herzzerreißend zu schluchzen und warf sich ihm an die Brust. Seine angeknacksten Rippen protestierten heftig.

Mads schnappte nach Luft, denn es fühlte sich an, als würde man ihn mit einem Messer attackieren. Hastig griff er nach Mellys Armen und löste sie, so sanft es unter den Umständen ging von seinem Körper.

„Schon gut, du brauchst doch nicht zu weinen“, sagte er und sah sich hilflos nach einer Schwester um. Er fühlte sich völlig überfordert.

„Das ist nicht richtig! Ich muss sie doch aber jetzt trösten. Ich bin ihre beste Freundin. Und Josy soll mich auch trösten!“ Das Schluchzen verwandelte sich ein lautes Heulen. „Ich hab Marie doch auch liebgehabt. Und jetzt ist sie tot!“

„Marie? Marie Tauben?“, stammelte Mads. Das konnte nicht wahr sein. Ihm wurde schwindelig.

„Böse Männer haben sie totgemacht!“

Er starrte Melly fassungslos nach, als eine herbeigeeilte Schwester sie fortführte.

Gute Nacht, Papa

Josy stand vor dem Badezimmerspiegel und fuhr sich mit dem Zeigefinger über das Gesicht.

Augenbrauen.

Nase.

Lippen.

Kinn.

Dann über die Wangen und wieder zurück. Kinn, Lippen, Nase, Augenbrauen. Ihr Blick folgte dem Finger wie über eine Landkarte.

Das bin ich.

Sie zuckte zusammen, als von unten ein schepperndes Geräusch zu ihr hochdrang.

Klara, sie hatte wohl in der Küche einen Topf fallen lassen. Seit drei Tagen, seit Maries Tod, fiel ihr andauernd etwas aus den Händen. Ihre Bewegungen waren fahrig und unkonzentriert, aber sie machte ihre Arbeit. Kochte, obwohl in diesem Haus kaum noch etwas gegessen wurde.

„Sie müssen bei Kräften bleiben“, hatte sie gestern Abend gemurmelt und einen Teller mit einer seiner Leibspeisen auf den Tisch gestellt. Den Tisch, an dem jetzt ein Platz für immer leer bleiben würde. Gregor hatte einen Dank gemurmelt und lustlos darin herumgestochert.

Klara sollte sich wohl besser um sich selbst kümmern, dachte Josy und fuhr fort damit, sich im Spiegel zu betrachten. Sie sieht schon aus wie ein Gespenst, genau wie Papa.

Gespenst, das traf es ganz gut. Das Haus war zu einer Geisterstätte geworden, in dem es totenstill geworden war. Einer Stille, die nur von den Anrufen der Polizei und Bekannten, die ihr Beileid aussprechen wollten, unterbrochen wurde. Die Presse hatte einer der Anwälte bisher erfolgreich in Schach gehalten.

Vom Geisterhaus.

Durch dessen Räume Gregor wanderte wie ein herrenloser Hund. Oder torkelte. Er war nicht mehr in die Firma gegangen, hatte angefangen zu trinken, und Klara musste ihn gestern Abend ins Bett bringen. Ihr Gesicht war vor Kummer entstellt gewesen, als sie Josy gebeten hatte, ihr dabei zu helfen. Gemeinsam hatten sie ihn die Treppe hochgeschleppt und auf das Bett in einem der Gästezimmer gelegt, da Gregor das Schlafzimmer nicht mehr betreten wollte. Josy hatte geholfen, ihn auszuziehen. Ihr Vater hatte noch irgendetwas gelallt, während sie ihm den Pullover über den Kopf gezerrt hatten.

Irgendwas von Liebe. Von der Zukunft, die nun vor ihnen läge. Dass man weitermachen müsse, den Schmerz bewältigen, und wieder von Liebe. Die Hälfte war völlig unverständlich gewesen, und Josy hatte keine Miene verzogen.

„Du bist ein tapferes Mädchen“, hatte Klara gesagt, während sie die Tür hinter sich zugezogen hatte. „Und du musst ihm verzeihen.“

„Was soll ich ihm verzeihen?“, hatte Josy gefragt. Sie wollte zurück in ihr Zimmer und zuhören. Lauschen und hören, wie das Haus atmete.

„Dass er sich nicht um dich kümmern kann, dass er sich betrinkt. Aber glaub mir, Josy, er wird sich bald wieder fangen. Und in der Zwischenzeit …“ Sie ergriff

Josys Hand und drückte sie. „Du weißt, ich bin immer für dich da. Tag und Nacht. Wir … wir …“ Sie stockte und sah Josy mit tieftraurigen Augen an. „Wir haben das schon einmal miteinander durchgestanden, und wir werden es auch jetzt schaffen. Es werden wieder bessere Tage kommen.“

Josy blickte ihr ins Gesicht. Die Fältchen hatten sich in tiefe Furchen verwandelt, es wirkte ausgemergelt, Klara schien um Jahre gealtert zu sein. Josy drückte ihre Hand, die von Schweiß überzogen war.

„Natürlich verzeihe ich ihm, was glaubst du denn. Und du musst dir keine Sorgen um mich machen. Ich komme zurecht. Marie war fast wie eine Mutter für mich, aber ich komme zurecht.“

„Ja, das war sie wirklich“, flüsterte Klara und zog ein Taschentuch hervor. Schon wieder musste sie weinen.

„Aber sie war ja nicht meine Mutter.“

Schockiert hatte Klara ihre Hand losgelassen.

„Gute Nacht, Klara. Ich gehe jetzt auch schlafen.“

Und jetzt kochte sie schon wieder. Essen für die Tonne.

Josy konnte die Tomatensoße riechen, die auf dem Herd köchelte. Seufzend wandte sie sich vom Spiegel ab.

Es wird Zeit, dachte sie. Es wird Zeit, das hier zu beenden. Bis jetzt war alles gutgegangen. Und es würde auch weiter alles gutgehen. Wenn sie sich an ihren Plan hielt und keine Fehler machte.

Der Zorn, der unbändige Hass, der sie noch vor ein paar Tagen fast in Stücke gerissen hätte, hatte sich in eine Glut verwandelt. Eine beständig glimmende Glut, die ihren Verstand wachhielt und sie agieren ließ, als würde sie ferngesteuert. Als würde jemand anderes das tun, was sie tat.

Irgendwie war es auch so. Wie in einem Film beobachtete sie sich selbst wie ein Zuschauer, erstaunt darüber, wie leicht ihr alles fiel. Noch vor ein paar Wochen hätte sie das nicht für möglich gehalten. Vielleicht, weil sie ein Recht dazu hatte? Weil eine gerechte Ordnung hergestellt werden musste?

Josy biss sich auf die Lippe.

Ich werde alles in Ordnung bringen. Ich. Kann. Es.

„Warum bist du nicht noch ein paar Tage geblieben?", jammerte Bernadette und wühlte in den Tüten, die Mads mitgebracht hatte. „So gut habe ich schon lange nicht mehr gegessen."

„Hast du schon mal neben einem kranken Löwen zu schlafen versucht?", fragte Mads und rutschte auf seiner Matratze hin und her. Noch immer schmerzte sein Körper, als hätte er eine Runde im Schleudergang einer Waschmaschine hinter sich.

„Hä?", fragte Bernadette irritiert.

„Ach, vergiss es. Es war schön, mal wieder in einem Bett zu liegen, aber …"

„Du hast uns vermisst, stimmt's, Alter?" Paule tätschelte ihm vorsichtig die Schulter.

Ja, er hatte sie vermisst, aber der wahre Grund dafür, dass Mads sich heute Morgen quasi selbst entlassen hatte war, dass er sich eingesperrt fühlte. Seit vielen Jahren hatte er nicht mehr so lange Zeit in einem Zimmer verbracht. Er hatte Beklemmungen bekommen. Als ob die Luft zu dünn wäre. Die Wände schienen immer näher zusammenzurücken und die Decke sich zu senken. Nach all den Jahren auf der Straße hatte er wohl eine Art Klaustrophobie entwickelt. Öfter mal was Neues, hatte er gedacht, aber nur noch die erste Arztvisite abgewartet.

Bernadette ließ die Tüte sinken und sah ihn an. „Oh, Mann, ich bin so froh, dass du wieder hier bist. Ich dachte wirklich, du würdest abkratzen."

„Ich doch nicht." Mads lächelte schief. „Aber ich habe mir im Krankenhaus etwas überlegt. Ich glaube, sobald ich wieder richtig laufen kann und die Bullen mich lassen, werde ich weiterziehen."

„Du willst weg?", rief Paule verblüfft. „Aber sie haben doch die Rattenfänger einkassiert, und der Rest von dem Gesindel wird uns ganz sicher erst mal eine Zeit lang in Ruhe lassen. Also weshalb dann abhauen?"

Mads zuckte die Schultern. „Ich weiß nicht, wie ich es beschreiben soll. Ich fühl mich nicht mehr wohl hier. Ich glaube, ich habe in den letzten paar Tagen etwas zu viel Blut gesehen." Von der Leiche ganz zu schweigen, dachte er mit Schaudern. Sie verfolgte ihn bis in seine Träume. „Ich hab schon gedacht, ich wäre verflucht. Was natürlich völliger Quatsch ist!", fügte er hastig hinzu, als er Paules Gesichtsausdruck sah.

„Ja, Quatsch", knurrte Bernadette. „Aber ich versteh dich schon."

„Wo willst du denn hin?“, fragte Paule. „Es wird bald Winter, und hier kennst du dich aus. Und was wird dann aus uns?“

„Ihr könntet ja mitkommen.“

„Mitkommen? Also ich, ich wollte schon immer mal ans Meer. Ich war noch nie am Meer!“, rief Bernadette.

„Ob wir es bis dahin schaffen, keine Ahnung“, sagte Mads und war sich ziemlich sicher, dass das nicht der Fall sein würde. Per Anhalter hatten sie keine Chance. Niemand würde Gestalten wie sie freiwillig in sein Auto steigen lassen. Und zu Fuß? Das würde Monate dauern.

„Ich überlege es mir“, murmelte Paule verdrossen, der es gar nicht schätzte, wenn sein gewohnter Tagesablauf durcheinandergebracht wurde. „Muss ja nicht heute sein, oder?“

„Nein“, erwiderte Mads. „Ich benötige ja auch noch die Erlaubnis der Polizei, dass ich aus der Stadt verschwinden kann.“

„Ja, ein braver Bürger tut, was die Polizei sagt“, ertönte eine Stimme in der Unterführung.

Das Herz blieb ihnen stehen, als sich die drei Schläger vor ihnen aufbauten.

Die Gänse schnatterten hungrig und reckten die Hälse, als die Gräfin am Teich vorbeieilte.

„Tut mir leid, meine Damen“, rief sie ihnen zu, ohne ihre Schritte zu verlangsamen. „Ich habe heute nichts für Sie dabei, und außerdem habe ich es schrecklich eilig.“

Ja, sie hatte es eilig. Sie wollte sich nach Mads´ Befinden erkundigen. Sie mochte ihn sehr. Er strahlte eine wohltuende Ruhe aus, eine Gelassenheit und Höflichkeit, die ihn als Mann von Welt erscheinen ließen. Solche Männer kreuzten zu ihrem Leidwesen nicht oft ihren Weg.

Sie blieb abrupt stehen, als sie die drei Gestalten sah. Sie standen mit dem Rücken zu ihr, genau vor der Ecke, in dem es sich ihre Freunde gemütlich gemacht hatten. Die Gräfin konnte nicht sehen, ob sie überhaupt da waren. Aber anscheinend redeten die Fremden auf jemanden ein. In ihrer schwarzen Lederkleidung und den schweren Stiefeln wirkten sie bedrohlich. Und so, wie sie dastanden, breitbeinig, die Köpfe herausfordernd vorgereckt, schien es der falsche Moment für einen Besuch zu sein.

Das sagte ihr das flaue Gefühl in ihrem Magen überdeutlich.

Ich komme später wieder, dachte sie, drehte sich um und lief davon.

Denn was hätte sie sonst tun sollen.

„Wir hatten ja in dieser unvergesslichen Nacht leider nicht die Gelegenheit, uns einander vorzustellen“, sagte der Kerl mit der Glatze, auf der eine Kappe mit Totenkopf thronte. Ein ziemlich großes Pflaster lugte darunter hervor. „Nennt mich doch einfach Ron“, sagte er und deutete eine Verbeugung an. „Mein Freund mit der gebrochenen Nase trägt den Namen Elster. Und die Lady darf ihren

Tanzpartner Bronco nennen. Also, wollt ihr euch jetzt nicht auch vorstellen?“ Er kam bedrohlich näher.

„Wir sind die drei Musketiere“, knurrte Paule, und Bernadette konnte sich ein Kichern nicht verkneifen, obwohl sie vor Angst bebte.

Bronco machte einen Schritt auf sie zu und beugte sich zu ihr. „Na? Wollen wir noch mal ein Tänzchen versuchen, du dreckiges Miststück?“

Paule sprang hoch und stellte sich zwischen sie. „Wage es nicht, sie anzufassen!“, zischte er.

„Sonst was?“ Bronco grinste herausfordernd.

Mads rappelte sich ächzend auf. Er konnte nicht fassen, dass diese Typen wiederaufgetaucht waren. Er war überzeugt gewesen, dass sie lange Zeit hinter Schloss und Riegel verschimmeln würden. Der letzte Rest seines Glaubens an Gerechtigkeit zerfiel zu Staub. Man hatte diese Scheißkerle laufen lassen! Und er wagte nicht, sich auszumalen, was sie ihnen jetzt antun würden.

„Was wollt ihr von uns?“, fragte er und wunderte sich, wie fest seine Stimme klang.

„Gute Frage“, sagte Ron und legte ihm eine Hand auf die Schulter. „Was glaubt ihr denn, was wir wollen?“

Mads schnaubte. „Keine Ahnung. Ich wundere mich einfach nur, wieso man euch hat laufen lassen.“

„Tja“, grunzte Ron und quetschte seine Finger immer tiefer zwischen Mads Schulterknochen. Es tat höllisch weh. Mads kniff die Lippen zusammen und unterdrückte ein Stöhnen.

„Die an sich gemütlichen Zellen sind ein wenig überbucht, und dazu kommt …“ Ron deutete mit dem Zeigefinger auf den Kerl, den er Elster nannte, „…

unser junger Freund hier ist der Sohn eines sehr guten Anwalts, einer Koryphäe, um genau zu sein. Er hat seinem über alles geliebten Spross einen Aufenthalt hinter Gittern erspart. Und seinen besten Freunden natürlich auch."

Er grinste triumphierend, und Mads wurde übel vor Wut.

„Verfluchte Scheiße! Das gibt's ja nicht!", brüllte Paule.

Bernadettes Herz schlug ihr bis zum Hals. Bronco stierte sie mit vor Hass glühenden Augen an. Jeden Moment würde er auf sie losgehen und sie schlagen.

Habe ich mich tatsächlich auf diesen Scheißkerl gestürzt und ihn gewürgt? Sie konnte das kaum mehr glauben. Na gut, sie war betrunken gewesen, und in der Dunkelheit hatte sie nicht viel sehen können. Und keinen klaren Gedanken gefasst, außer, dass man Mads umbringen könnte.

„Aber nicht doch, keine solche Schimpfwörter, wenn ich bitten darf." Ron gab Mads´ Schulter frei und lächelte in die Runde.

„Also, was wollt ihr jetzt von uns?", sagte Mads so ruhig er konnte. „Die Polizei hat unsere Aussagen aufgenommen, eine Anklage wegen Körperverletzung wird erhoben, und wenn ihr uns jetzt etwas tut, wird euch das nicht helfen. Im Gegenteil!"

„Ach ja, die Aussagen. Seid ihr ganz sicher, dass ihr die Wahrheit erzählt habt?"

Paule schnappte nach Luft. „Wollt ihr das etwa bestreiten?"

Ron zog ein Messer aus der Hosentasche, klappte es auf und säuberte sich gemächlich die Fingernägel.

„Also, wie ich das sehe, hat sich die Sache in Wahrheit so abgespielt. *Ihr* habt *uns* angegriffen, weil ihr geglaubt habt, dass *wir* die arme Lady abgestochen hätten. Alles nur ein dummes Missverständnis, so wie es aussieht."

„Ganz genauso war es", ließ sich die Elster vernehmen und spuckte Mads vor die Füße.

„Ihr Arschbacken spinnt doch total!" Paule ballte die Fäuste. „Nie und nimmer werden wir unsere Aussagen ändern, da könnt ihr warten, bis ihr schwarz werdet. Und jetzt macht euch verflucht noch mal vom Acker!"

Ron betrachtete versonnen sein Messer. „*Das*, mein Lieber, würde ich jetzt aber noch mal ganz genau überdenken. Überleg mal, was einem so alles passieren kann. Auf sich gestellt auf der Straße zu leben, da kann schnell ein Unglück geschehen. Kein Dach über dem Kopf, keine Tür, die man nachts abschließen kann. Das Leben ist heutzutage gefährlich, selbst am helllichten Tag. Der Verkehr wird ja auch immer schlimmer, man kann gar nicht genug aufpassen, wo man langläuft. Und denkt nur an die vielen steilen Treppen in der Stadt. Wenn es regnet, sind sie besonders rutschig."

„Wir lassen uns nicht einschüchtern", sagte Mads vor Zorn bebend. „Egal, was ihr vorhabt, ihr würdet damit nicht durchkommen. Ich habe gehört, ihr seid schon mal wegen Körperverletzung angeklagt worden. Ihr wärt die Ersten, die man unter die Lupe nehmen würde."

Ron kicherte wie ein altes Weib und wackelte mit dem Messer. „Ja, natürlich würde man gleich uns verdächtigen. Ganz klar! Aber ich garantiere dir …", er beugte sich so nah zu Mads, dass ihm sein schlechter

Atem ins Gesicht schlug, „… wir werden ein einwandfreies Alibi haben. Ein absolut wasserdichtes, um genau zu sein. Wir werden uns nicht die Finger an euch Ratten dreckig machen. Aber es gibt andere, die das mit Vergnügen übernehmen werden. Glaubt mir, ihr solltet euch echt überlegen, ob ihr nicht doch eure Aussagen ändern wollt. Wir lassen euch auch gerne ein paar Tage Zeit. Es dauert ja noch, bis wir uns vor Gericht sehen. Sagen wir mal …, ach, ich will euch nicht drängen, also in drei Tagen. Dann kommen wir wieder. Ich hoffe, dass ihr bis dahin zur Vernunft kommt. Ansonsten …"

Er stieß so schnell zu, dass Mads keine Chance hatte zu reagieren. Doch die Klinge drang weder durch den Stoff seiner Jacke, noch berührte sie seine Brust.

„Das nächste Mal wirst du sie spüren", sagte Ron in einem freundlichen Plauderton und klappte das Messer zu. „Wir beobachten euch. Kommt zur Vernunft, dann lebt es sich länger." Er wandte sich ab, und, gefolgt von seinen Kumpanen, spazierte er davon.

Bernadette fiel auf ihre Matratze, als hätte sie jemand geschubst.

„Verfluchte Scheiße", stammelte Paule. „Was zum Teufel machen wir jetzt?"

„Ich habe keine Ahnung", sagte Mads.

Zur Polizei gehen und erzählen, dass man sie einschüchtern wollte? Keine gute Idee, denn würde man ihnen glauben? Und würden sie überhaupt bis dahin kommen?

Im Moment wollte er das gar nicht herausfinden. Seine Gliedmaßen waren zu sehr damit beschäftigt zu zittern.

Josy stand in der Küche und zerhackte Eiswürfel. Dann füllte sie zwei große Gläser, eines mit Magenbitter und eines mit Orangensaft. Gregor hatte sich nach dem Abendessen übergeben und über Bauchkrämpfe geklagt. Das hatte ihn aber nicht davon abgehalten, sich weiter reichlich Cognac einzugießen.

Josy sah sich um. Das Geschirr stand immer noch in der Spüle, Klara nahm es nicht mehr so genau.

„Ich erledige das morgen früh“, hatte sie gestöhnt. „Ich habe schlimme Kopfschmerzen und muss mich hinlegen.“

„Ich übernehme das“, hatte Josy ihr angeboten, aber das hatte sie nicht wirklich vor. Es gab andere Dinge zu erledigen.

Gregor hing halb schlafend in seinem Sessel, als sie das Wohnzimmer betrat.

„Josy! Wie schön, dass du mir Gesellschaft leistet“, murmelte er und richtete sich halbwegs auf.

„Hier, trink das“, sagte Josy und reichte ihm das Glas mit dem Magenbitter. „Das soll gut gegen Krämpfe sein.“

„Danke, mein Liebes.“ Er griff nach dem Glas, nahm einen kräftigen Schluck und verzog das Gesicht. „Das schmeckt ja scheußlich.“

Josy zuckte mit den Schultern. „Ist ja auch Magenbitter.“ Sie setzte sich ihm gegenüber auf das Sofa und nippte an ihrem Orangensaft.

„Ich zermartere mir das Hirn, wer Marie das angetan hat. Wer sie uns genommen hat! Und vor allem: warum? Die Polizei ist noch keinen Schritt weitergekommen. Ich werde noch wahnsinnig.“

Gregor sah sie an, und seine geröteten Augen füllten sich mit Tränen. Er hatte sich wieder nicht rasiert, und in dem ausgeleierten Jogginganzug sah er aus wie ein armseliger Schlucker. Dabei hätte er genug Geld, sich so einen Anzug auf den Leib schneidern zu lassen.

„Nun gibt es nur noch uns beide“, sagte er müde. „Wie geht es dir damit, Josy? Ich hätte bei dir sein sollen, dich trösten, doch ich konnte nicht. Ich habe es einfach nicht geschafft. Ich habe wieder denselben Fehler gemacht wie damals, als deine Mutter starb. Kannst du mir das verzeihen? Ich verspreche dir, das wird sich jetzt ändern.“ Er nahm einen weiteren Schluck, und Josy lächelte ihn an.

„Mir geht es gut, Papa, mach dir keine Sorgen. Mir geht es jeden Tag besser. So gut wie schon lange nicht mehr.“

Gregor starrte sie mit einem vernebelten Blick an. „Wirklich?“

„Ja.“

Er räusperte sich. „Die Polizei hat gesagt … gesagt, wir können Marie bald beerdigen. Wirst du mir helfen? Der Text für die Trauerkarten, ich weiß einfach nicht, was ich da schreiben soll. Ich weiß, was für Blumen Marie mag … mochte, und eine Rede, jemand muss doch etwas sagen. Und Musik …“ Er verlor den Faden und blickte seine Tochter hilflos an.

„Natürlich werde ich dich unterstützen, wir kümmern uns gemeinsam um alles. Aber ich wollte dich etwas fragen. Wie war das eigentlich damals bei meiner Geburt? Erzähl mir doch etwas darüber.“

Gregor schüttelte den Kopf, der sich anfühlte, als würde er von einem Gespinst überzogen. Von feinen Fäden, die sich über sein Gesicht legten und ihm die

Sicht vernebelten. Gewebt von einer unsichtbaren Spinne. Er versuchte, nach ihr zu greifen, und wischte sich über die Wangen.

„Kannst du mir nichts darüber erzählen, Papa?"

Wieso fragte sie danach? Was sollte das?

Das Glas in Gregors Hand fühlte sich schwer an, und er leerte es in einem Zug. Die Flüssigkeit kratzte in seinem Hals.

„Ich kann dir nicht viel erzählen", stammelte er und versuchte die Enden seiner Gedanken zu fassen, die ihm lose durchs Gehirn flatterten. „Ich war doch damals nicht dabei. Weil es einen Brand in einer der Fabriken gab, und du … du kamst völlig überraschend drei Wochen zu früh."

War es so gewesen? Er versuchte, sich zu erinnern, aber da war nichts. Nichts außer dem brennenden Schmerz, der sich seit jenem Tag eingenistet hatte wie ein Parasit.

„Was hat dir denn Mama erzählt?"

Er konnte nicht antworten, denn sein Herz schlug ihm plötzlich so heftig gegen den Brustkorb, dass er Panik bekam. Die rasenden Schläge dröhnten in seinen Ohren.

„Josy! Mir geht es nicht gut."

„Sie soll nach der Geburt depressiv geworden sein, gab es eine Erklärung dafür?"

„Postnatale …", keuchte er. „Oh Gott, Josy! Es geht mir schlecht. Schnell, du musst einen Arzt rufen."

Gregor versuchte aufzustehen, aber seine Beine gehorchten ihm nicht. Genauso wenig wie seine Hände, die nutzlos auf seinem Schoß lagen. Das Glas glitt ihm aus den Fingern und rollte über den Perserteppich.

„Josy, bitte, ruf den Notarzt“, flüsterte er. Er war wie gelähmt, hilflos und konnte nicht begreifen, weshalb seine Tochter nicht reagierte.

Sie saß still da und betrachtete ihn, als wäre er ein Fremder. Ein Gegenstand!

„Josy, warum tust du nichts?“ Die Worte fielen ihm schwer, seine Zunge fühlte sich an wie ein Wattebausch, der ihn zu ersticken drohte.

„Postnatale Depression, ja, vielleicht“, sagte Josy und erhob sich.

Endlich, dachte Gregor, jetzt holt sie Hilfe. Inzwischen war er überzeugt, dass er einen Herzinfarkt erlitten hatte. Oder einen Hirnschlag. Sein Blickfeld verengte sich immer mehr. Wie durch einen Tunnel näherte sich das Gesicht seiner Tochter. Totenblass, ohne eine erkennbare Regung, schwebte es schemenhaft vor seinen Augen.

„Vielleicht waren es aber auch Schuldgefühle. Könnte das sein?“

Hat sie das jetzt wirklich gesagt? Schuldgefühle. Er öffnete nach Luft ringend den Mund. Sie hat den Verstand verloren!

„Gute Nacht, Papa“, flüsterte Josy und verschwand in einem Nebel, der immer dichter wurde.

Tränen

Als Klara die Augen aufschlug, fühlte sich ihr Schädel immer noch an wie ein Marmorklotz. Doch der hämmernde Schmerz, der ihr gestern Abend die Tränen in die Augen getrieben hatte, war etwas abgeklungen. Vorsichtig richtete sie sich auf. Das Bett war zerwühlt, ihr Schlafanzug feucht, und die Kissen lagen auf dem Boden, als hätte ein Kampf stattgefunden. Und so war es. Klara führte einen Kampf mit sich selbst. Weil die Wahrheit ans Licht drängte. Und doch unaussprechlich war.

Sie sah auf den Wecker und zuckte zusammen. Neun Uhr! Um diese Zeit war sie normalerweise schon über zwei Stunden auf den Beinen und an der Arbeit. Sie spitzte die Ohren. Von oben war nichts zu hören. Keine Stimmen. Und auch kein Wasserrauschen, was man hier unten in der kleinen Einliegerwohnung, in der sie seit über zwanzig Jahren lebte, gut hören konnte.

Josy und ihr Vater schienen noch zu schlafen. Das war gut, denn das Sprichwort hatte etwas Wahres: Schlaf war die beste Medizin.

Ächzend schwang sie die Beine aus dem Bett, gefasst darauf, dass die Kopfschmerzen gleich wieder über sie herfallen würden wie ein Schwarm wütender Wespen. Aber anscheinend hatte ihr Hausmittelchen tatsächlich geholfen. Also schnell jetzt. Die morgendliche Dusche musste für heute mal ausfallen. Hastig putzte sie sich die Zähne, zog sich an und eilte die Treppe hoch, um das Frühstück vorzubereiten.

Das Geschirr stand noch in der Spüle, anscheinend war das Kind gestern zu erschöpft gewesen.

Kein Wunder, dachte Klara. Denn Josy konnte ihr nichts vormachen. Auch wenn sie kaum geweint hatte, ihre Trauer unterdrückte, Klara ahnte, wie es in ihr aussah. Wie sehr das Kind leiden musste. Den Tod ihrer Mutter hatte sie mit Maries Hilfe überwunden. Aber das schreckliche Unglück mit Finn und nun der Mord an Marie. Wie sollte Josy das verkraften?

Sie will jetzt stark bleiben für ihren Vater, der sich völlig gehen lässt, aber irgendwann wird sie zusammenklappen. Was für ein tapferes Mädchen, dachte Klara, während sie die Essensreste vom Geschirr kratzte und es in die Spülmaschine räumte. Als der Kaffee durch den Filter lief, eilte sie ins Wohnzimmer, um die Vorhänge aufzuziehen und zu lüften.

Er ist gar nicht ins Bett gegangen, dachte sie bestürzt, als sie die Gestalt im Sessel bemerkte. So kann das nicht weitergehen!

Energisch zog sie die Vorhänge zur Seite und riss ein Fenster auf.

„Guten Morgen, Herr Tauben!“, rief sie. „Zeit, aufzuwachen.“

Mein Gott, ist er immer noch betrunken?, dachte sie, als er weder antwortete noch sich regte. Sie näherte sich dem Sessel. Er hing darin wie eine Stoffpuppe, das Kinn lag ihm auf der Brust, und unter bläulich verfärbten Lidern starrte er blicklos auf seine Beine.

Ein Zittern durchlief Klaras Körper, wie von einem Stromschlag ausgelöst.

Nein! Nein! Bitte lieber Gott, das darf nicht sein. Tu uns das nicht an!

Aber noch bevor sie ihm die Hand auf die Schulter legte, wusste sie, dass es so war.

Er war tot.

Ihre Hand zuckte zurück, und Klara blieb wie festgefroren stehen. Ihr Blick schweifte über die Schachteln auf dem Tisch neben ihm. Die vielen leeren Blister, die im Licht der Morgensonne glänzten, als wären sie aus reinem Silber.

Er hat sich umgebracht! Eine Woge des Grauens überrollte sie und riss sie in die Dunkelheit. Im Fallen konnte sie eine Frau schreien hören.

Und Josys verzweifelte Stimme.

„Nein, nicht, Papa! Papa!“

Melly saß auf einem Mäuerchen auf dem Schulhof und baumelte mit den Beinen. Auf ihrem Schoß lag ein Heft, und sie betrachtete es ehrfürchtig. Darin stand der Text, den sie für das Theaterstück lernen musste. Das Heft hatte ziemlich viele Seiten, und Mellys Stirn legte sich in kummervolle Falten.

So viele Worte! Konnte sie das überhaupt schaffen? Aber es war doch eine Hauptrolle! Das hatte sie sich immer gewünscht. Und deshalb musste sie es einfach schaffen. Sie konnte das, wenn ihr jemand dabei half. Josy?

Früher wäre sie damit schnurstracks zu ihr gelaufen, aber jetzt? Melly wusste nicht, was sie tun sollte. Dabei war es doch so wichtig. So schrecklich, ganz, ganz wichtig. Melly hatte Angst, dass die anderen sie auslachen würden, wenn sie versagte. Alle, die mitspielten, vor allem die Kinder, die keine

Sonderklassen besuchen mussten und für die der Text ein Klacks war. Diesmal hatte die Lehrerin etwas ganz Besonderes vor. Und sie hatte es ihnen geduldig erklärt. In dem Stück ging es um ein Miteinander, um Verständnis, Respekt und Freundschaft. Darum, Vorurteile abzubauen, und darum, welch großes Potenzial sich in vermeintlichen Schwächen verbarg.

Aber so viele Sätze! Melly seufzte tief. Nach der Mittagspause sollten sich alle Beteiligten in der Turnhalle treffen, um weitere Details zu besprechen.

Melly sah in den Himmel, an dem sich dunkle Wolken zusammenballten. Bald würde es regnen, und immer mehr Blätter von den Bäumen fallen. Und dann kam bald der Winter. Der Dezember, den Melly eigentlich mochte. Wegen der vielen Lichter und kitschigen Dekorationen in den Schaufenstern. Aber am siebten sollte Premiere sein. Also bald. Und so viel Text.

„He, bist du nicht die Freundin von Josy Tauben?“

Melly zuckte erschrocken zusammen. Wie aus dem Nichts war ein schlaksiger Junge neben ihr aufgetaucht.

„Ja, wieso?“, fragte sie zögernd. Sie kannte ihn nicht, sie hatte ihn nur ein paarmal von weitem gesehen. Und wenn man von großen Jungs angesprochen wurde, konnte man nie wissen, wie das ausging. Ob es nicht wieder ein schlechter Tag werden würde.

„Hast du es schon gehört?“, fragte er mit einem sensationslüsternen Blick.

„Was? Was soll ich gehört haben?“ Melly lehnte sich misstrauisch zurück, während er ihr immer näher auf die Pelle rückte.

„Das mit Josys Vater."

„Josys Vater? Was ist mit ihm?" Melly wäre gerne von der Mauer gerutscht, aber dann wäre sie ihm noch näher gekommen. Der Bursche machte ihr Angst.

„Er hat sich umgebracht!", rief er, und Melly kam es so vor, als ob er sich darüber freuen würde.

„Du lügst!", brüllte sie. „Das ist eine Lüge, warum tust du das? Hau ab!" Sie sprang von der Mauer und wollte fortlaufen, denn das war ein sehr böser, gemeiner Junge.

Er packte sie an der Schulter und hielt sie fest.

„Dämliche Gans", zischte er wütend. „Ich lüge nicht. Der Kerl ist tot."

Melly begann zu weinen. Aus Furcht und weil es so schrecklich war, was er sagte.

„Was machst du da?", ertönte eine empörte Stimme. „Lass sie sofort los!" Agnes, die in dem Stück eine unfreundliche Verkäuferin spielen sollte, kam herbeigeeilt.

Der Junge ließ Melly los. „Was regst du dich so künstlich auf?", knurrte er. „Ich habe ihr nichts getan, nur etwas erzählt, was ich von meiner Mutter weiß."

Agnes legte schützend einen Arm um Mellys Schultern. „Ach ja? Und was?"

„Dass Josys Vater sich umgebracht hat, wenn du es genau wissen willst."

Agnes schnappte nach Luft. „Stimmt das?"

„Er lügt", sagte Melly und stampfte mit dem Fuß auf.

„Doch, es stimmt. Meine Mutter putzt bei denen, und als sie heute Morgen da angekommen ist, stand da ein Leichenwagen, und Polizei war auch da." Er beugte sich vertraulich zu ihnen. Die Pickel, die in seinem Gesicht sprossen, schienen förmlich zu glühen. „Er soll Selbstmord begangen haben. Meine Mutter hat erzählt, dass man jede Menge leere Tablettenschachteln gefunden hat.“

„Oh Gott“, stammelte Agnes entsetzt.

Melly riss den Mund auf und versuchte zu begreifen, was der Junge da gesagt hatte. Das war nicht richtig. Es konnten doch nicht einfach alle sterben. Alles war falsch.

Sie rang verzweifelt die Hände. Tränen rollten ihr über die Wangen, und sie begann haltlos zu schluchzen.

„Mehr geht nicht“, stöhnte Paule und wuchtete eine der Matratzen auf den bis obenhin gefüllten Einkaufswagen.

„Die passt noch.“ Bernadette stopfte ihre zusammengerollte Yogamatte, die sie vor ein paar Wochen am Straßenrand aufgelesen hatte, in die letzte Lücke. Bernadette liebte ihre Matte. Sie war zwar dünn und leicht, aber wundervoll weich. Außerdem müffelte sie noch nicht so stark wie die Matratzen.

„Den Rest holen wir später“, sagte Mads. „Falls es überhaupt klappt. Hast du Werkzeug dabei?“

Paule zog eine Eisenstange aus dem Wägelchen und grinste breit. „Glaub mir, mit dem Ding kriege ich jede Tür auf.“

„Wollen wir es hoffen.“ Mads griff nach seinen drei Taschen. „Also los jetzt. Jeden Moment fängt es an zu regnen.“

Er marschierte hinter den beiden her durch den Park. Bernadette hatte sich vorsichtshalber schon ihren Regenmantel übergezogen. Ein blaues Ding aus Plastik, in dem sie aussah wie ein Gartenzwerg.

Mads blickte beunruhigt in den Himmel. Das sah gar nicht gut aus, was sich da oben zusammenballte und vorwärtsschob. Alles war in ein unnatürlich gelbes Licht getaucht. Es sah giftig aus, als hätte der Teufel selbst auf die Erde gespuckt. Ein schweres Gewitter war kurz davor, sich zu entladen, und Mads hoffte inständig, dass sie ihr Ziel erreicht hatten, bevor die Hölle losbrach.

Sie hatten sich lange darüber beraten, was sie nun tun sollten in Sachen Rattenjäger. Für jedes Argument hatten sie ein Gegenargument gefunden, sich im Kreis gedreht, und der einzige gemeinsame Nenner, auf den sie sich hatten einigen können, war zutiefst deprimierend.

Denn egal, wie sie sich verhalten würden, es lief auf das Gleiche hinaus. Die Konsequenzen waren nicht abzusehen. Und könnten gefährlich sein. Also hatten sie beschlossen, erst einmal umzuziehen. Denn mit einer Sache hatte dieser Vollidiot recht gehabt: Es war gar nicht gut, wenn man kein Dach über dem Kopf hatte und keine Tür, die man irgendwie verrammeln konnte.

Sie wollten es nochmals mit der Kammer im Brückenpfeiler versuchen. In der Hoffnung, dass sie da wenigstens eine Zeit lang unentdeckt blieben.

Mads zuckte zusammen, und Bernadette stieß einen lauten Schrei aus, als ein greller Blitz aufzuckte, der sich regelrecht in die Netzhaut brannte. Das

Grollen des Donners hörte sich an, als würde eine Armee von Panzern auf sie zurollen.

„Scheiße!“, brüllte Paule, als die ersten Regentropfen, so groß wie Hagelkörner, auf sie niederprasselten. Er zog den Kopf ein und begann schneller zu laufen. Die Matratze, die quer über dem Wagen lag, schwankte bedrohlich.

„Halt sie fest!“, rief er. Bernadette packte sie und lief neben dem Wagen her.

Mads konnte nicht mit ihnen Schritt halten. Wenn er zu heftig atmete, meldeten sich seine angeknacksten Rippen auf höchst unangenehme Weise. Schließlich erreichten sie die Brücke, über die der Verkehr donnerte. Bernadette und Paule hatten einen ziemlichen Vorsprung, aber sie wussten ja, wohin sie mussten. Die Straße überqueren und dann am Ende der Brücke samt der kippeligen Fracht mehr oder weniger elegant den Hang hinunterrutschen. Sie würden das schon schaffen.

„Ziehen Sie etwa um?“, fragte die Gräfin.

Sie stand unter einem winzigen Schirm, über den sich wahre Sturzbäche ergossen, auf dem Gehsteig.

„Ja, gezwungenermaßen“, erwiderte Mads, der schon klatschnass geworden war. Haare waschen und eine Ganzkörperdusche gibt es heute umsonst, dachte er resigniert.

„Wo kann ich Sie denn finden, falls ich Sie mal besuchen möchte?“ Ungerührt stand die Gräfin inmitten des tobenden Gewitters. In der einen Hand ihren mickrigen Schirm, der im Wind flatterte und nicht mehr lange standhalten würde. Mit der anderen umklammerte sie den Griff ihres Koffers.

Mads drehte sich etwas zur Seite und deutete auf das Ende der Brücke. „Da hinten geht's runter, da unter der …"

Es gab einen lauten Knall, und seine Augen weiteten sich vor Entsetzen.

Er schrie, aber der Wind und das Prasseln des Regens rissen ihm die Worte von den Lippen und ließen sie ungehört verklingen.

Alles schien sich in Zeitlupe abzuspielen.

Ein Auto hatte angehalten, damit Bernadette und Paule die Straße überqueren konnten. Der Fahrer des Lastwagens dahinter hatte das – vielleicht wegen des strömenden Regens – nicht gesehen. Vielleicht war er auch zu dicht aufgefahren oder abgelenkt gewesen. Jedenfalls bohrte sich der Laster ungebremst in das Heck des Autos. Schob es mit voller Wucht vorwärts, und Paule und Bernadette verschwanden aus Mads´ Blickfeld, als hätte der Boden sie verschluckt.

Die Matratze schlidderte über den Asphalt, Kleidungsstücke, Flaschen, Tüten, Schuhe, Zeitschriften und Bernadettes Kulturbeutel wirbelten umher. Es sah aus wie ein bizarrer Reigen. Die Yogamatte schwebte einen Moment wie ein fliegender Teppich durch die Luft, bevor sie auf die Frontscheibe des Autos klatschte.

Die Gräfin kreischte los, und Mads ließ seine Taschen fallen.

Bernadette! Paule! Das können sie nicht überlebt haben.

Er rannte wie von Sinnen auf die Stelle zu, an der sie verschwunden waren, und versuchte, sich zu wappnen. Auf den Anblick, auf das, was er vorfinden würde.

Er blieb wie angewurzelt stehen. Wo sind sie?

„Mads?“ Es klang so leise, dass er es fast nicht gehört hätte, doch er kniete sich hin und sah unter das Auto. Da lag sie. Der Länge nach wie ein Automechaniker. Ein Ellenbogen ragte in die verkehrte Richtung, und Bernadettes Gesicht war blutüberströmt. Ihr Mund stand offen, und sie blickte ihn verwundert an.

„Was … was ist passiert?“, flüsterte sie.

Sie lebt! Mads schossen die Tränen in die Augen. „Nicht! Nicht bewegen, Bernadette. Du bist angefahren worden, bleib liegen, gleich kommt Hilfe.“

„Paule?“

„Ich suche ihn, mach dir keine Sorgen. Bleib ganz ruhig liegen.“ Gerne hätte er noch ihre Hand gedrückt, die schlaff neben ihrem Gesicht lag. Aber er wagte es nicht, sie zu berühren, und richtete sich ächzend auf.

Um ihn herum standen Leute mit blassen, erschrockenen Gesichtern. Die Tür des Lasters öffnete sich, und der Fahrer taumelte auf die Straße. Kreidebleich sah er sich um, anscheinend, ohne wirklich etwas wahrzunehmen. Das Paar in dem Auto, unter dem Bernadette lag, schien unverletzt. Aber sie bewegten sich nicht. Saßen da wie zwei Schaufensterpuppen.

„Der Krankenwagen ist unterwegs!“, rief jemand aus der Menschentraube, die sich von Sekunde zu Sekunde zu vergrößern schien. Handys wurden gezückt, und Mads drängte sich zwischen ihnen durch.

Paule! Oh Gott, wo ist er?

Die Matratze, die ein paar Meter vor dem Auto auf der Straße lag, bewegte sich. Mads konnte eine behaarte Wade sehen, die sich darunter hervorschob.

Paule! Er eilte zu ihm und hob die Matratze an.

Da lag er. Auf den ersten Blick nicht schwer verletzt, abgesehen von dem unnatürlich abgewinkelten Bein und einer Platzwunde am Kopf, aus der Blut sickerte

„Scheiße, Mads! Was war das?“, stöhnte Paule und versuchte, sich aufzurichten.

Mit einem Schmerzensschrei sank er wieder zurück. „Waren das die Rattenjäger? Haben die uns erwischt?“

„Nein.“ Mads schob vorsichtig eine Hand unter Paules Kopf. „Das war bloß ein Unfall.“

„Bist du sicher?“

„Ganz bestimmt, ich habe es gesehen. Ein idiotischer, dummer Unfall.“ Er konnte Sirenen hören, die schnell näherkamen. Endlich! Der Regen tropfte aus seinen Bartstoppeln, als er sich tief zu Paule beugte.

„Hörst du? Es kommt Hilfe. Gleich sind sie da. Ihr werdet wieder gesund, du und Bernadette. Und dann ziehen wir los. Ans Meer.“

Wenn er doch nur selbst glauben könnte, was er da sagte.

„Ja. Ans Meer“, murmelte Paule, verdrehte die Augen und verlor das Bewusstsein.

Klara saß auf der Bettkante in ihrem Zimmer und zerknüllte ein Taschentuch. Es war trocken, sie hatte keine Tränen mehr. Sie wollte aufstehen, doch auf ihren Schultern schien ein Gewicht zu liegen, das kein menschliches Wesen stemmen konnte. Sie fühlte sich todmüde, vollkommen kraftlos, vermutlich die Nachwirkungen des Beruhigungsmittels, das ihr der Notfallarzt heute Morgen gespritzt hatte.

Ihr und Josy.

Ich muss endlich mit ihr reden. Ich darf nicht mehr länger schweigen.

Klara wurde sterbenselend, wenn sie nur daran dachte. Denn wie sollte sie beginnen? Welche Rechtfertigung finden?

Es gab keine. Nichts auf der Welt konnte entschuldigen, was sie getan hatte.

Oh Gott. Leise stöhnend ließ sie sich auf das Kissen sinken.

Warum, warum nur habe ich das zugelassen?

Sie konnte schon lange nicht mehr begreifen, weshalb sie damals so gehandelt hatte. Im Bewusstsein, dass es unverzeihlich war. Es war alles so schnell gegangen, dass sie es nicht mehr ungeschehen machen konnte. Immer wieder hatte Klara mit sich gerungen, überlegt zu reden. Zu beichten. Aber je mehr Zeit verstrichen war, desto undenkbarer wurde es

Zu schweigen war das Einzige, was blieb. Stumm mit der Schuld zu leben, die sie sich aufgeladen hatte.

Benommen sah sie sich um. Die Konturen der Möbel wirkten verwischt, als würden sie sich in der abendlichen Dämmerung auflösen. So wie das Leben, das sie bisher geführt hatte. Denn Josy würde sie hassen.

Wenn sie die Wahrheit erfuhr.

„Na Gott sei Dank hat sich dieses Gewitter verzogen“, sagte ihre Mutter, doch Melly hörte gar nicht hin. Sie saß am Küchentisch und starrte auf die erste Seite des Textes ihrer Rolle.

„Das war ja eine richtige Sintflut, ich hab schon gedacht, es würde unsere Scheiben kosten. Melly? Hörst du mir zu?“ Verwundert musterte sie ihre Tochter, die völlig abwesend schien.

„Ja, Mama. Das war ganz schlimm.“

„Ich war so erleichtert, dass du schon zu Hause warst. Und da bleibst du jetzt auch, versprich es mir.“

„Ja, Mama.“

„Was ist los mit dir? Hast du was?“

Ja, ganz viel war los. Schlimme Sachen waren passiert. So schrecklich, so falsch, dass Melly Kopfschmerzen davon hatte. Aber sie wollte nicht darüber reden. Denn Mama hatte Schnaps in den Kaffee getan, und außerdem musste sie ja jetzt zur Arbeit.

Also schüttelte Melly den Kopf.

„Na schön, ich muss los. Du darfst bis halb neun aufbleiben, aber dann gehst du ins Bett. Verstanden, kleines Fräulein?“ Sie drückte Melly einen Kuss auf den Scheitel, griff nach ihrer Handtasche und verschwand.

Dann war es still. Und Melly versuchte, das zu tun, was ihr der Mann im Krankenhaus geraten hatte.

Du musst ganz tief in dich hineinhorchen, hatte Mads gesagt. Dann wirst du das Richtige tun.

Melly wollte zu Josy. Denn Josy war doch jetzt ganz allein, weil alle gestorben waren, und Finn konnte Josy nicht helfen. Der lag immer noch in seinem Bett und konnte nicht reden.

Melly blickte zum Fenster. Draußen wurde es dunkel, in einer Ecke der Scheibe schimmerte der Schein der Lampe vor dem Haus. Wenn es dunkel war, durfte Melly die Wohnung nicht mehr verlassen. Das war streng verboten.

Aber Mama würde erst in ein paar Stunden wieder nach Haus kommen.

Melly war allein.

Und Josy war allein.

Ich geh jetzt zu ihr.

Entschlossen klappte sie das Heft zu.

„Danke, Frau Doktor", sagte Mads erleichtert und ließ sich wieder auf den Stuhl plumpsen, von dem er sich höflichkeitshalber kurz erhoben hatte. Seine Beine wollten ihn kaum tragen, der Schock saß ihm immer noch in allen Knochen.

„Soll ich Ihnen noch einen Kaffee holen, bevor Sie gehen?", fragte die Ärztin, die sich gemeinsam mit einem Kollegen um Paule und Bernadette gekümmert hatte. „Kuchen wäre übrigens auch noch da, wir hatten heute ein Geburtstagskind zu feiern, und ich darf eigentlich nichts Süßes naschen."

„Oh, sehr gerne, das ist ja reizend von Ihnen", sagte die Gräfin, bevor Mads den Mund aufmachen konnte.

„Ist mir ein Vergnügen. Setzen Sie sich doch da drüben an den Tisch. Ich lasse Ihnen den Kaffee von einer Schwester bringen, und wir, wir sehen uns dann morgen wieder."

Sie reichte ihnen die Hand und verließ den Wartebereich für Besucher. Die Gräfin rollte ihren

Koffer zum Tisch, dicht neben den Stuhl, auf dem sie Platz nehmen wollte, und kehrte mit vier energischen Schritten zu Mads zurück.

„Ich nehme Ihre Taschen“, sagte sie und wollte danach greifen.

„Nein, nein. Geht schon“, wehrte Mads ab und hob die Taschen auf.

Es war ein Wunder, dass er sie überhaupt noch hatte. Sein armseliges Hab und Gut. Während der ganzen Aufregung, dem schier unüberschaubaren Gewimmel von Gaffern, Polizei, Notarzt und Sanitätern, hatte sich die Gräfin nicht von der Stelle gerührt. Hatte neben ihrem Koffer und seinen Taschen ausgeharrt und auf ihn gewartet wie ein treuer Hund.

Es schienen Stunden zu vergehen, bis man Bernadette und Paule geborgen hatte, bis man sie endlich nach einer Erstversorgung in die Krankenwagen verfrachtet hatte.

Wie erwartet durfte Mads nicht mit ihnen fahren. Einer der Sanitäter hatte ihn gemustert, als könne ein bedrohlicher Virus von ihm überspringen. Aber immerhin hatte er Mads erklärt, in welches Krankenhaus die beiden gebracht wurden.

„Selbstverständlich werde ich Sie begleiten, mein Lieber“, hatte die Gräfin gesagt. Ihren Schirm zugeklappt, eine seiner Taschen an ihrem Koffer befestigt und ihm die anderen beiden in die Hände gedrückt. „Also, wo müssen wir hin?“

Obwohl Mads vollkommen verstört gewesen war, konnte er sich noch wundern. Über ihre Energie und Entschlossenheit, denn bis dahin war sie ihm immer wie ein schreckhaftes Mäuschen vorgekommen.

Den Rest des Nachmittags hatten sie mit Warten verbracht. Bange Stunden, bis endlich die erlösende Nachricht kam, dass Paule und Bernadette erfolgreich operiert worden waren. Weiterleben würden. Wie, das würde die Zeit zeigen.

„Das sieht doch köstlich aus, bedienen Sie sich." Die Gräfin riss ihn aus seinen kummervollen Gedanken und schob ihm einen Teller mit einem großen Stück Kuchen hin.

Kaffeeduft stieg ihm in die Nase, und sein knurrender Magen und der Durst holten ihn zurück in die Wirklichkeit. Gierig griff Mads zu und fühlte sich schon etwas besser, als der Zucker seine Wirkung entfaltete.

„Wo werden Sie denn heute übernachten?", fragte die Gräfin und tupfte sich mit der Serviette die Mundwinkel ab.

„Gute Frage, das habe ich mir noch nicht überlegt."

Es war schon zu dunkel, um noch einen Versuch zu starten, die Tür unter der Brücke aufzubrechen. Ganz davon abgesehen, dass er gar kein Werkzeug hatte. Die Eisenstange war wahrscheinlich längst beseitigt worden, so wie der ganze Rest von Bernadettes und Paules Habseligkeiten. Also zurück in den Park?

Das wollte Mads auf keinen Fall. Ohne die beiden würde er kein Auge zumachen. Und dann waren da ja noch die Rattenjäger.

„Wie wäre es denn, wenn Sie heute Nacht bei mir im Hotel schlafen? Ich bin mir sicher, dass noch ein Zimmer frei ist."

Mads klappte der Mund auf. Also würde er jetzt das Geheimnis lüften, über das sie so lange gerätselt hatten. Wo sich die Gräfin jede Nacht verkroch.

Er stellte seine Tasse ab und lächelte dankbar. „Das würde ich mit Freuden tun.“

„Na dann, machen wir uns auf den Weg. Aber ich muss Sie warnen, es ist eine ziemliche Strecke bis zum Hotel.“

„Das schaffe ich schon“, versicherte Mads, obwohl er das Gegenteil befürchtete. Er fühlte sich um Jahre gealtert.

Fast schon mit einem Bein im Grab.

Das Hotel

Melly huschte wie ein Wiesel durch die Straßen. Die Kapuze ihres Shirts hatte sie weit über den Kopf gezogen. Das vermittelte ihr etwas Sicherheit, denn sie hatte ein klein wenig Angst. Sie war noch nie alleine in der Dunkelheit unterwegs gewesen. Und weil niemand da war, mit dem sie reden konnte, fielen ihr auf einmal Dinge auf, die sie noch nie bemerkt hatte.

Wie leer und verlassen die Gassen waren, wie dunkel die Ecken wirkten, während Schatten um sie herumzutanzen schienen. Die Geschäfte, die ihre Rollläden heruntergelassen hatten und jetzt fast feindselig aussahen. Doch Melly lief weiter. An der Kreuzung der Straße zu Josys Haus lag eine Kneipe. Die war tagsüber geschlossen, und Melly hatte dort noch nie eine Menschenseele gesehen.

Aber jetzt war das Gebäude hell beleuchtet, und aus der offenen Eingangstür schallte Musik. Eine Gruppe Männer stand davor, und Melly blieb verunsichert stehen. Sie musste an ihnen vorbei.

Die Männer rauchten, johlten und lachten, schwenkten ihre Bierflaschen und schlugen sich auf die Schultern. Einer von ihnen begann laut zu fluchen, und Melly zuckte erschrocken zusammen.

Sie wollte nicht an denen vorbeigehen, denn ganz sicher würde man sie ansprechen. Aufhalten und fragen. Woher sie komme und wohin sie wolle.

Oder ob bei ihrer Geburt was schiefgelaufen wäre. Vielleicht noch ganz andere Dinge.

Melly drückte sich in den Schatten der Hauswand. Sie musste wohl einen Umweg machen. Zurückgehen und dann den Weg am Waldrand nehmen. Dort war es jetzt aber ganz finster.

„He, schaut mal dort drüben, die Kleine!“, grölte eine tiefe Stimme. „Die steht schon die ganze Zeit da rum. Wollen wir sie mal fragen, ob sie mit uns feiern will?“

Melly rannte los.

Zwei Männer, Hände schüttelnd, grinsten Mads auf einem riesigen Plakat an.

Hier entsteht ein neues Wohnviertel. Eine grüne Oase für Jung und Alt. Die Schrift war schon ein wenig verblasst.

So, so, dachte Mads. Was ihr nicht sagt.

Im Moment war davon noch nichts zu sehen. Sie waren am Stadtrand angelangt. In einer ihm unbekannten Gegend, in der verlassene Häuser und halbverrottete, leerstehende Industriehallen eine regelrechte Weltuntergangsstimmung vermittelten. Überall lag Müll, von den Straßenlampen brannte nur jede zweite, und er meinte den Verfall sogar riechen zu können.

Da bin ich jetzt aber mal gespannt auf das Hotel, dachte er, obwohl er zu ahnen begann, was ihn erwarten würde.

Die Gräfin blieb vor einem Metallzaun stehen und schob ein Gitter zur Seite.

„Bitte folgen Sie mir“, sagte sie, als würde sie Mads in ihren Salon bitten.

Er wäre auch in eine Röhre gekrochen, wenn es nötig gewesen wäre. Längst hatte er nur noch einen Wunsch: sich irgendwo hinzulegen und zu schlafen. Wenn möglich tagelang!

Die Gräfin führte ihn zu einem ehemaligen Bürohaus. An der Seite klebte ein Fabrikgebäude, dessen Scheiben zum größten Teil eingeschlagen waren oder ganz fehlten. Schwarze Löcher wie Augen, die ihn drohend zu mustern schienen. Die Wände waren mit Graffitis versprüht, die Mads die Schamesröte ins Gesicht trieben.

„So, da wären wir“, murmelte die Gräfin und öffnete eine Tür, die heftig knirschend protestierte. „Ich habe Sie ja schon gewarnt, dass ein gewisser Renovierungsbedarf besteht. Und dass sich leider vom Personal niemand kümmert. Aber …“

„Aber ich habe ein Dach über dem Kopf“, unterbrach sie Mads. „Und das ist alles, was ich im Augenblick brauche.“

Die Gräfin lächelte erfreut und ging munter plaudernd voran. „Mein Zimmer liegt in der ersten Etage am Ende des Flurs, und gleich nebenan ist eines frei. Die Anmeldeformalitäten können Sie dann morgen früh erledigen.“

„Ja, so mache ich das“, sagte Mads und folgte ihr keuchend die Treppe hoch.

Dank dem schummrigen Licht, das durch die Scheiben fiel, konnte er im Flur wenigstens noch Umrisse erkennen. Doch als die Gräfin die Tür zu ihrem Zimmer öffnete und darin verschwand, starrte er in ein dunkles Loch.

Trotz seiner Erschöpfung musste er grinsen, als er sich Paule vorstellte. Den Gesichtsausdruck, wenn er ihm von diesem geheimnisvollen Hotel berichten würde.

„Natürlich funktioniert das Licht immer noch nicht, obwohl ich das auch heute wieder an der Rezeption gemeldet habe!“, schimpfte die Gräfin. „Bitte warten Sie noch einen Augenblick.“

Er hörte sie umherhuschen, ein Rascheln, und dann brannten zwei Kerzen.

„Nun, wie finden Sie es?“, fragte sie und winkte ihn herein.

Mads sah sich um. Es war ein fensterloses Büro, in dem noch zwei Aktenschränke standen, ein abgewetzter Bürostuhl und ein Klappbett. Und daneben … vier große Koffer!

Wann und vor was auch immer die Gräfin geflüchtet war, um sich auf ihre nicht enden wollende Reise zu begeben, sie hatte ganz schön was mitgenommen!

„Wirklich nett hier“, sagte er. „Wenn man keine überzogenen Ansprüche hat, lässt es sich gut aushalten.“

Vor allem über den Winter, dachte er. Das könnte eine neue Bleibe für uns werden. Mindestens so lange, bis die Bauarbeiten beginnen. Ein kleiner Hoffnungsschimmer, der sich jetzt am Horizont abzeichnete.

„Ja, nicht wahr? Aber bitte kommen Sie, ich führe Sie in Ihr Zimmer.“

Das Büro nebenan war betrüblich leer. Aber wenn er seine Kleidungsstücke ein wenig geschickt als Unterlage drapierte, würde das schon gehen.

„Danke“ sagte er, als die Gräfin eine Kerze in einem Glas auf den Boden stellte und machte sich daran, seine Taschen auszupacken. Sie eilte davon und stand kurz darauf mit einem alten Pelzmantel und einer Wolldecke wieder vor ihm.

„Bitte nehmen Sie das. Ich benötige es nicht. Also dann, ich wünsche Ihnen eine angenehme Nachtruhe."

Ist das etwa ein Nerz? Fassungslos starrte Mads auf das Fell in seinen Händen. Es fühlte sich wunderbar weich und warm an.

Ich werde schlafen wie ein Bär.

Dieser Gedanke war das Letzte, woran er sich erinnern konnte, als er sich in einem Albtraum wiederfand.

Die Beichte

„Bitte, sag doch was“, flüsterte Klara.

Sie saß neben Josy auf deren Bett und zitterte am ganzen Leib. Endlich hatte sie es getan. Ihre Beichte abgelegt. Nach Worten gerungen, an denen sie fast erstickt wäre, während ihr die Tränen aus den Augen strömten und der Rotz aus der Nase lief.

Josy hatte sie die ganze Zeit nur angestarrt. Mit ihren grünen, unergründlichen Augen angesehen, als wäre sie ein Monster. Ein widerliches Etwas, dass es nicht wert war zu leben.

Das war sie ja auch. Ein Monster, das mehrere Leben zerstört hatte.

Wenn sie doch nur ein einziges Wort sagen würde! Ganz gleich, was. Klara konnte die Stille kaum mehr ertragen.

Josy saß zusammengekauert da, presste die Fäuste auf den Kopf und rieb sich damit über die Haare, als wollte sie die letzten Minuten wegwischen wie klebrigen Staub.

„Bitte, Josy. Sag was, rede mit mir. Ich weiß, dass du mich jetzt hassen musst. Ich kann es nicht ungeschehen machen, und es tut mir so schrecklich leid. Unendlich leid! Ich bitte dich auch nicht um Verzeihung, denn ich kann mir ja selbst nicht vergeben. Aber vielleicht können wir gemeinsam …“ Sie legte behutsam eine Hand auf Josys Faust.

„Fass mich nicht an! Fass mich ja nicht an!“, brüllte Josy und schoss in die Höhe.

Klara zuckte zurück.

In Josy Augen loderte abgrundtiefer Hass. Ihr blasses Gesicht überzog sich mit einer Röte, als glühte sie innerlich.

„Was. Hast. Du. Getan." Es klang so leise, dass Klara sie kaum verstehen konnte. Verängstigt richtete sich auf. Sie standen einander gegenüber wie zwei Statuen. Die Zeit schien stillzustehen.

Plötzlich schrie Josy los: „Was hast du nur angerichtet, du dummes, widerliches Stück Dreck! Du hast mein Leben zerstört!"

Sie hob die Fäuste und begann wie von Sinnen auf Klara einzuprügeln.

Der Schock über den Gewaltausbruch ließ Klara wie gelähmt dastehen. Dann trafen die Fäuste ihr Gesicht, und sie riss die Arme hoch, um sich zu schützen. Josy trat nach ihr, prügelte schreiend und kreischend immer weiter auf sie ein, und Klara wich zurück.

Sie konnte sich nicht wehren. Denn niemals hätte sie die Hand gegen Josy erheben können. Das Mädchen, das sie schon als Baby in ihren Armen gehalten hatte. Das Kind, das unter ihren Augen aufgewachsen war. Und sich nun in eine Furie verwandelt hatte.

Klara flüchtete taumelnd in den Flur, Blut lief ihr aus der Nase, und sie begann zu schreien, während Josy ihr folgte und weiter auf sie einschlug.

„Josy! Nein! Hör auf!"

Aber Josy hörte nicht auf. Inzwischen kreischte sie vor Wut so laut, dass sich ihre Stimme überschlug.

„Du hast alles zerstört! Mir alles genommen! Du weißt nicht, was du mir angetan hast!"

Klara wankte unter den Schlägen und Tritten wie in einem Orkan. Sie stolperte orientierungslos durch den Flur. Wollte in ein Zimmer flüchten, sich einschließen und darauf warten, dass Josy wieder zu Verstand kam. Klara wirbelte herum und machte einen Schritt ins Leere.

Denn unter ihr lag die Treppe.

Mellys Herz klopfte laut. Aber sie konnte nicht mehr umkehren. Sie war schon ein gutes Stück am Waldrand entlanggelaufen, und bestimmt war es nicht mehr weit.

Anfangs war es ihr gar nicht so dunkel vorgekommen. Die Lichter der Häuser und der Straßenbeleuchtung unterhalb des Wegs schienen zu ihr hoch – wie bei einem Sonnenuntergang, bei dem man noch eine Zeit lang den Schimmer am Horizont sah.

Nun war das Licht verschwunden, die Bäume neben dem Pfad nur noch schwarze Umrisse. Den hellen Kies unter ihren Füßen konnte sie kaum erkennen. Nur hören, weil er unter ihren Schuhen knirschte. Ziemlich laut, und das war nicht gut. Denn Melly wollte hören, was um sie herum vorging.

Damit sie losrennen konnte, falls etwas aus dem Wald herauskam und ihr etwas tun wollte.

Was das sein könnte, wusste sie nicht. Vielleicht nur ein Reh oder so.

Aber es könnte auch ein Ungeheuer sein. So eines, wie sie in Märchenbüchern vorkamen, oder in den Filmen, die sie sich manchmal anschaute. Obwohl sie dabei fast die ganze Zeit das Gesicht in einem Kissen vergraben musste. Und danach schlecht träumte.

Ich bin doch kein Baby, schimpfte sie mit sich selbst, als sie hinter sich ein lautes Knacken gehört und vor Schreck aufgeschrien hatte.

Nein, ein Baby war sie nicht mehr, doch sie fürchtete sich trotzdem. Denn außer Ungeheuern und Monstern gab es noch schlimmere Dinge, die einem Angst einjagen konnten. Böse Leute zum Beispiel.

Je länger Melly darüber nachdachte, desto stärker wurde das unangenehme Gefühl in ihrer Brust. Als ob sich eine Hand um ihr Herz klammerte und zudrücken wollte. Am liebsten hätte sie sich hingesetzt und ängstlich darauf gewartet, dass jemand sie von hier fortbringen würde.

Aber das ging nicht. Denn Josy saß bestimmt weinend in ihrem Zimmer. Ganz allein. Und Freunde mussten doch füreinander da sein.

Melly ignorierte das erneute Rascheln unter dem Busch und marschierte entschlossen weiter.

Klara versuchte, sich irgendwo festzuhalten.

Doch ihre Hände griffen ins Leere. Sich überschlagend stürzte sie die Treppe hinab, und die Welt drehte sich wie ein rasendes Karussell. Ihr Rücken schlug auf die Kante einer Stufe, und der Schmerz war so überwältigend, dass ihr schwarz wurde vor Augen. Ihre Arme und Beine flogen durch die Luft, als gehörten sie gar nicht mehr zu ihr. Als sie unten auf dem Boden landete, knallte ihr Kopf so heftig auf die Fliesen, dass sie ein lautes Knacken hörte.

Ich habe mir den Schädel gebrochen, das war alles, was sie noch denken konnte, bevor eine gnädige Schwärze sie umfing.

Ich habe es geschafft!

Melly war stolz auf sich. Vor ihr lag der akribisch gepflegte Park und mitten darin die Villa, deren erleuchtete Fenster ihr aufmunternd zuzuwinken schienen.

Melly zwängte sich durch die mannshohe Hecke, lief über den Rasen und blieb wie angewurzelt stehen.

Was ist da los?

Die Fenster und Türen waren alle geschlossen, aber trotzdem konnte sie es hören. Ein Schreien und Kreischen, das ihr mehr Angst einjagte als sämtliche Monster, die sie sich vorstellen konnte.

Ist das Josy?

Sie konnte das nicht glauben. So böse, so zornig, und sie sagte schreckliche Dinge. Josy würde das nie tun. Oder doch?

Als sie Klara weinen und schreien hörte, erwachte Melly aus ihrer Reglosigkeit. Sie lief zum Haus und sah durch das Fenster neben der Eingangstür.

Es war ein buntes Fenster. Zusammengesetzt aus verschiedenfarbigen Gläsern, die im Sonnenlicht ein leuchtendes Gemälde auf die Fliesen warfen.

Vor Mellys Augen war alles in flammendes Rot getaucht, als würde es drinnen brennen. Josy und Klara waren oben an der Treppe. Klara schrie und duckte sich, während Josy wie eine Wahnsinnige auf sie einschlug.

Josy? Was tut sie nur? Warum?

Melly presste das Gesicht noch fester gegen die Scheibe und musste entsetzt zusehen, wie Klara die Stufen hinabstürzte.

Josy stand mit geballten Fäusten oben an der Treppe und blickte auf den leblosen Körper. Schweißperlen liefen ihr übers Gesicht, und sie rang nach Atem, während ihr Herz immer noch raste. Mühsam streckte sie ihre Finger, die sich regelrecht verkrampft hatten. Sie hätte Klara am liebsten in Stücke gerissen. Zerfleischt wie ein wildes Tier. Allmählich nahm sie ihre Umgebung wieder wahr, und sie stieg langsam die Stufen hinab.

Klara lag reglos da.

Ist sie tot? Josy kniete sich neben sie und strich ihr die Haare aus dem Gesicht. Klara stöhnte leise, und öffnete blinzelnd die Augen.

„Josy?“ Sie hatte Mühe zu sprechen und schien völlig verwirrt.

Josy seufzte, setzte sich hin und zog die Beine an. „Du hättest es verdient, dir das Genick zu brechen, aber du lebst. Was soll ich jetzt mit dir machen? Was? Sag du es mir.“

„Kalt, mir ist so kalt.“

Josy stützte ihren Kopf auf die Hände und runzelte die Stirn. „Wenn ich es mir genau überlege, es ist eigentlich besser, dass du noch lebst. Schon wieder ein

Todesfall in diesem Haus, das könnte Fragen aufwerfen, was denkst du?“

Klaras Augen weiteten sich. Sie lag auf kaltem Stein, vor Schmerzen unfähig sich zu rühren. Aber die Eiseskälte, die sich nun in ihr ausbreitete, war schlimmer. Der Gedanke war so unvorstellbar, so entsetzlich, dass sich alles in ihr dagegen sträubte. Und doch. Hätte sie sich denn jemals vorstellen können, was Josy ihr gerade angetan hatte?

„Du?“, flüsterte sie. „Hast du etwas damit …“

„Pst.“ Josy legte ihr einen Finger auf die Lippen. „Sei still. Das kannst du doch so gut, den Mund halten. Jahrelang.“ Sie lächelte verbittert und machte eine weit ausholende Armbewegung. „Das gehört jetzt alles mir. Die Villa, das Geld, die Fabriken und, nicht zu vergessen, Opas Jaguar. Wenn das keine Wiedergutmachung ist.“

Klara wurde übel. Das konnte nicht wahr sein. Das hatte Josy jetzt nicht gesagt. Nur ein Albtraum. Sie verlor für einen Moment das Bewusstsein, und als sie die Augen wieder öffnete, kniete Josy mit einem Sofakissen in den Händen neben ihr.

„Ich weiß einfach nicht, was ich mit dir machen soll“, murmelte sie und knetete das Kissen. „Kann ich mich auf dich verlassen? Wirst du weiterhin schweigen? Allen erzählen, dass du gestolpert bist? Kann ich das? Sag, kann ich das?“

Klara konnte den Blick nicht von dem Kissen wenden. Es war rot, durchzogen von goldenen Fäden. Sie hatte es schon hunderte Male in den Händen gehabt. Zurechtgeklopft, wenn es zerknautscht auf dem Boden vor dem Sofa gelandet war. Zum ersten Mal fiel ihr auf, dass es an den Ecken ziemlich ausgefranst war. War das das Letzte, was sie sehen würde?

Denn es war kein Albtraum, in Josys Augen flackerte der blanke Hass. Das Mädchen war kurz davor, ihr das Kissen auf das Gesicht zu drücken.

„Josy, bitte, tu das nicht“, flehte sie.

„Wenn ich mir doch nur sicher sein könnte, dass ich mich auf dich verlassen kann“, murmelte Josy. „Dann müsste ich das nicht tun. Du könntest bei mir bleiben. Hier mit mir leben. Und Buße tun.“

Jemand läutete Sturm an der Tür, und Josy zuckte zusammen. „Wirst du schweigen?“, zischte sie und beugte sich über sie.

Klara versuchte zu nicken, aber es war, als stieße ihr jemand ein Messer ins Genick.

„Ja“, stöhnte sie und versank wieder in einer Ohnmacht.

Josy öffnete die Tür „Du?“

Vor ihr stand Melly. Eine Klette. Überschäumende Emotionen in der Gestalt eines Mädchens. Die Haare verschwitzt und zerzaust, ein paar Blätter hatten sich darin verfangen, als wäre sie durch ein Gestrüpp gekrochen. Ihr rundes Gesicht sah aus, als hätte sie sich weiße Farbe ins Gesicht geschmiert.

„Josy, was ist denn passiert?“ Mellys Unterlippe zitterte. „Ist Klara tot?“

Was hat sie gesehen? dachte Josy erschrocken. Und wie viel davon begriffen?

„Nein, sie ist nicht tot“, sagte sie und ließ Melly herein. Denn sie würde sich ohnehin nicht abwimmeln lassen. „Komm, ich wollte Klara gerade das Kissen unter den Kopf schieben, damit sie es bequem hat, bis Hilfe kommt.“

Melly näherte sich zögernd und beobachtete ängstlich, wie Josy Klaras Kopf anhob und das Kissen darunter schob.

„So, siehst du? Alles gut.“

„Aber warum macht sie die Augen nicht auf?“

„Weil sie bewusstlos ist, du Dummerchen.“

Melly sah sie mit großen Augen an. „Das hast du noch nie gesagt.“

Josy war verwirrt. „Was. Was habe ich denn gesagt?“

„Dummerchen.“

Josy trat zu ihr und schlang die Arme um Melly. „Bitte verzeih mir, ich bin völlig schockiert, durcheinander, verzweifelt! Kannst du das verstehen und mir vergeben?“

„Klar doch“, murmelte Melly. Dann hob sie den Kopf und sah ihr ins Gesicht. „Aber warum hast du Klara denn geschlagen?“

Josy gab sie frei. „Ich habe sie nicht geschlagen, ganz bestimmt nicht.“

„Doch.“ Melly schob die Unterlippe vor. „Ich habe es dort durch das Fenster gesehen. Und gehört. Ihr habt euch angeschrien, du hast sie gehauen, und dann ist Klara die Treppe hinuntergefallen.“

Josy seufzte tief. „Melly, wir sind doch Freundinnen, und deshalb verrate ich dir jetzt ein Geheimnis. Aber du darfst mit niemandem darüber reden. Mit gar niemandem! Versprichst du mir das?“

Ja, wir sind immer noch Freundinnen! Melly nickte eifrig und hielt den Atem an.

„Klara ist krank geworden“, sagte Josy. Ihre Stimme klang traurig. „Verrückt im Kopf. Verstehst du das?“

Melly musterte Klara ungläubig. „Klara? Aber …“,

„Glaub mir, sie ist krank, deshalb ist sie böse geworden. Und hat böse Dinge getan.“

Melly war verstört und konnte es nicht fassen. Klara? Sie war doch immer so lieb zu ihr gewesen. Hatte sie in den Arm genommen, ihr Kakao gekocht und selbstgebackene Kekse und Kuchen hingestellt.

Josy nahm ihre Hand. „Es tut mir leid, Melly, Klara ist nicht mehr sie selbst. Sie hat ganz schreckliche Dinge getan. Sie hat Marie und meinem Papa etwas angetan. Und vorhin ist sie sogar auf mich losgegangen. Ich habe sie nur geschlagen, weil ich mich doch wehren musste!“

In Mellys Kopf purzelte alles durcheinander. Das war alles nicht richtig. Und so furchtbar, dass es kaum auszuhalten war. Aber das Schlimmste war, dass Josy jetzt hemmungslos weinte. Sie stand da, und ihr ganzer Körper wurde durchgeschüttelt, so sehr schluchzte sie.

Melly brach das Herz, und sie warf sich Josy an den Hals. „Nicht weinen, bitte nicht weinen, ich bin doch da!“

„Und ich bin so froh, dass du da bist“, schniefte Josy und drückte sie fest. So standen sie einen Moment lang da. Doch Melly hatte noch viele Fragen.

„Aber wieso denn? Wieso ist Klara verrückt geworden?“

„Weil sie ein Geheimnis hat“, sagte Josy und zupfte ihr ein Blatt aus den Haaren. „Ein ganz böses

Geheimnis, und wenn du willst, kann ich es dir zeigen."

„Echt?"

„Ja, ich zeige es dir, damit wir es der Polizei erzählen können."

„Muss Klara dann ins Gefängnis?"

„Ich glaube nicht. Sie kann doch eigentlich nichts dafür, dass sie so böse Dinge getan hat. Aber komm jetzt, wir müssen gehen. Ich rufe im Auto einen Krankenwagen für Klara."

Josy zog sie mit sich aus dem Haus, und Melly wäre ihr bis ans Ende der Welt gefolgt.

„Wir nehmen Papas Wagen, steig ein."

„Du darfst mit dem Jaguar fahren?", wunderte sich Melly. „Hat dir dein Papa das erlaubt?"

Josy lächelte, drehte den Zündschlüssel, und der Motor des Jaguars begann zu schnurren. „Ich darf alles tun, was ich will."

Das stimmt wohl, dachte Melly. Der Papa ist ja nicht mehr da.

Sie fühlte sich traurig und durcheinander. Und nun waren sie auf dem Weg, um Klaras Geheimnis zu lüften.

Etwas Böses.

Melly verkroch sich in den Ledersitz und versuchte, dem Chaos in ihrem Kopf irgendeinen Sinn abzutrotzen.

Denn irgendwie war alles nicht richtig.

War das eben Mellys Stimme?

Klara war sich nicht sicher, ob sie bei Sinnen war. Hatte sie das geträumt? Immer wieder kam sie für ein paar Sekunden zu sich, und eine chaotische Flut von Emotionen und Erinnerungen brach über sie herein. Fragmente aus der Vergangenheit, die sich ihr mit aller Macht in den Kopf drängten. Wenn Klara versuchte, sie abzuwehren, nach ihnen zu schlagen, als wären sie greifbar, musste sie feststellen, dass sie sich nicht rühren konnte.

Dass sie noch immer auf den kalten Fliesen lag.

Melly konnte nicht dagewesen sein, sie musste sich getäuscht haben. Melly war ein übersensibles Kind, sie hätte bei ihrem Anblick laut geschrien, und das hätte sie doch bestimmt gehört und wäre zu sich gekommen. Melly hätte Hilfe geholt.

Vielleicht hat Josy das nicht zugelassen?

Ein schrecklicher Gedanke raubte Klara den Atem.

Melly?

„Was scheppert denn da so?“, fragte Melly und drehte sich nach hinten.

„Das sind Kanister“, antwortete Josy und stellte den Motor ab.

„Wo sind wir denn?“ Melly sah sich um. Sie waren in einer Gegend gelandet, die ihr irgendwie bekannt vorkam. Dann fiel es ihr ein. Sie war früher mal mit Josy hier gewesen, nur, dass es damals nicht so dunkel gewesen war.

„Das ist ja eure alte Fabrik“, sagte sie verwundert. „Was machen wir hier?“

„Das wirst du schon sehen. Komm." Josy stieg aus dem Auto und öffnete den Kofferraum.

Wenn Melly allein gewesen wäre, wäre sie nie und nimmer ausgestiegen. Alles wirkte so unheimlich. Wie ein Ort, an dem Gespenster wohnen. Oder noch Schlimmeres.

Josy wuchtete drei Kanister aus dem Kofferraum und schloss ihn wieder.

„Da", sagte sie. „Den da kannst du tragen. Ich habe nur zwei Hände, und du schaffst das schon."

„Wozu brauchst du die denn?"

„Das wirst du schon noch sehen. Los, komm jetzt!"

Josy ging voran, öffnete mit einem Schlüssel ein Tor, und Melly packte den Kanister. Er war furchtbar schwer, und keuchend lief sie Josy hinterher. Sie konnte kaum ihre eigenen Füße sehen.

„Da rein", sagte Josy, und Melly folgte ihr verunsichert in eine düstere Halle. Ein wenig Licht fiel durch die Oberlichter auf eine beängstigende Szenerie.

Die Halle war leer, bis auf ein paar meterhohe Papierstapel und etwa ein Dutzend Holzpaletten. Und drei riesige Silos, die schon halbverrostet waren. Die weiße Farbe blätterte ab wie Birkenrinde. Melly wusste, wozu Josys Opa die Tanks gebraucht hatte. Damals wurde das Mehl für die Brote darin aufbewahrt. Josy hatte ihr das erklärt. Aber das war alles schon lange her. Josys Vater hatte längst neue Fabriken gebaut. Und bald sollte alles abgerissen werden.

Und hier drin bewahrte Klara ihr böses Geheimnis auf? Melly konnte sich das nicht so richtig vorstellen, aber wenn Josy das sagte?

Entkräftet stellte sie den Kanister zu den anderen zwei auf den Zementboden, der mit einer dicken Staubschicht überzogen war. Sie zuckte zusammen, als ein Licht aufflammte.

Es war ein Scheinwerfer, wie ihn Handwerker benutzten, der auf einer Stange in einer Ecke stand. Nun tauchten plötzlich überall Schatten auf, und alles wirkte noch unheimlicher. Zum Fürchten. Melly wollte nicht mehr hier sein.

„Josy, ich hab Angst. Können wir bitte …"

Josy kam zu ihr und nahm sie bei der Hand. „Du wolltest doch das Geheimnis sehen", sagte sie. „Dann komm."

Melly war sich gar nicht mehr sicher, ob sie das wollte. Doch sie ließ sich von Josy führen. Unter ihren Schuhen knirschte zerbrochenes Glas, und als sie sich nervös umsah, entdeckte sie jede Menge Bierdosen, Zigarettenstummel und leere Pizzaschachteln. Wer war hier drin gewesen? Wer hatte das alles liegen lassen?

Josy blieb vor einem der Silos stehen und drehte an einem Rad, das fast genauso aussah wie das Steuerrad auf dem Ausflugsdampfer, mit dem Melly mal mit ihrer Mama eine Fahrt gemacht hatte. Nur, dass es nicht so groß war.

„Das ist ja eine Tür!" Melly war verblüfft.

„Ja, das nennt man ein Mannloch."

Melly bückte sich und spähte hinein. „Ist da drin das Geheimnis? Ich kann gar nichts sehen, es ist viel zu dunkel!"

Josy versetzte ihr einen Stoß, und Melly konnte sich im letzten Moment noch fangen. Sonst wäre sie der Länge nach hingeschlagen. Erschrocken drehte sie sich um.

„Was machst du denn? Fast wäre ich hingefallen!" Melly zuckte zusammen. War das ihre Stimme? Sie hallte in dem hohlen Raum, klang so seltsam, so fremd, als hätte jemand anders das gesagt. Jemand Böses.

Von Panik erfasst, wollte sie wieder hinausschlüpfen, aber Josy, die vor dem Loch kauerte, schob sie zurück.

Verwirrt sah Melly ihre Freundin an, die in dem schummrigen Licht ganz fremd wirkte.

„Lass mich raus. Ich will Klaras Geheimnis gar nicht sehen. Ich will jetzt nach Hause!"

„Du bleibst hier drin."

„Was? Wieso denn, nein, lass mich raus!" Melly versuchte, sie zur Seite zu drücken und an Josy vorbei zu krabbeln. Doch Josy schob die Tür zu, bis nur noch ein kleiner Spalt offen blieb.

Melly begann zu weinen. „Bitte, Josy, lass mich raus. Ich hab Angst. Hier drin sind sicher jede Menge Spinnen und so Krabbelzeugs."

„Ich muss in Ruhe nachdenken, Melly, und deshalb bleibst du jetzt erst mal da drin." Sie beugte sich zu ihr und sah ihr tief in die Augen. „Und du musst ganz still sein. Du darfst kein einziges Wort sagen, und vor allem, du darfst nicht schreien. Denn wenn du schreist, dann weckst du die Monster, die hier drin wohnen, und die werden sehr zornig, wenn man sie aufschreckt."

Mellys Herz raste, klopfte ihr bis zum Hals. Monster!

Und Josy wollte sie bei ihnen einsperren. Im Dunkeln. Das konnte sie doch nicht tun!

Aber dann war die Tür zu, und Melly hörte, wie sich außen das Rad drehte.

Einen Moment war sie wie gelähmt, erstickte fast an dem Schrei, der in ihrer Kehle aufstieg. Sie hob die Hände, wollte auf die Tür hämmern, so lange, bis sie wieder aufging.

Aber dann hörte sie ein Atmen. Ein Schnaufen, das von den Wänden widerhallte, die sie nur erahnen konnte.

Nichts, gar nichts mehr konnte Melly sehen. Eine Finsternis hatte sie verschluckt, die sie sich niemals hätte vorstellen können.

Und irgendwo in dieser Schwärze schliefen die Monster.

Noch.

Melly kniete sich behutsam hin. Versuchte, kein Geräusch zu machen, und tastete mit den Händen über die Metallwand. Sie fühlte sich kalt an. An der Stelle, wo die Tür sein musste, setzte sie sich hin.

Josy wird mich gleich wieder rauslassen. Wir sind doch Freundinnen.

Melly blinzelte heftig, und heiße Tränen rollten ihr über die Wangen.

Aline

Der Pool

Der Himmel über der Kleinstadt in Südfrankreich hatte die Farbe von verwaschenen Jeans. Das kleine Boot schaukelte wie in einem Orkan und stieß mit der Ente zusammen, die unbekümmert weiterlächelte. Sie war aus Plastik, unsinkbar, wie das rote Schiffchen. Aline strampelte mit den Beinen, bis das Wasser über den Rand des Planschbeckens schwappte und ihr Spielzeug auf dem Rasen landete.

Sie sah sich nach ihren Puppen um, die sie zu beobachten schienen. Sie saßen aufgereiht am Stamm des mächtigen Baumes, an dem auch ihre Schaukel hing.

„Aline, komm her!“

Das war Eduard, und sie versuchte, so zu tun, als hätte sie ihn nicht gehört. Sie durfte nicht Papa zu ihm sagen, obwohl er mit Mama verheiratet war. Aline verstand das nicht, doch wenn man erst fünf Jahre alt war, erschien die Welt der Erwachsenen ohnehin kompliziert.

Auch das mit der Sprache war seltsam. Mit Mama redete sie immer nur deutsch. Aber mit Eduard und den anderen Leuten, musste sie französisch sprechen. Brot verstanden sie nicht, obwohl es doch ein einfaches Wort war. Man musste *pain* sagen.

„Aline! Ich sage es nicht noch mal!“

Sie rappelte sich auf, und das Wasser lief aus ihrem rosa Badehöschen, das ihr ein ganzes Stück zu groß war. Sie sah sich nach ihrer Mutter um, aber die hielt anscheinend ihr Mittagsschläfchen. Es war heiß, und die Sonne brannte ihr auf den Kopf, als sie aus dem Schatten des Baumes trat und langsam auf Eduard zuging.

Auch er trug eine Badehose. Deshalb konnte man die vielen, schwarzen Haare sehen, die sich auf seiner Brust kräuselten wie ein Pelz. Er war braungebrannt, seine muskulösen Arme hielt er an die Seiten gestützt, und er fixierte sie ungeduldig. Er kam ihr vor wie ein Riese. Ein Riese, der jeden Moment zornig werden würde, und sie lief schneller.

„Na endlich", sagte er.

Sie standen am Rand des neuen Pools, der erst vor zwei Tagen fertig geworden war. Es hatte eine Ewigkeit gedauert, bis das Wasser aufgefüllt war. Jetzt glitzerten Sonnenstrahlen auf der Oberfläche wie kleine Diamanten.

„Deine Mutter jammert mir die Ohren voll, weil ich auf eine Abdeckung verzichtet habe. Sie hat Angst, dass du reinfallen könntest, wenn niemand es sieht. Also wirst du jetzt schwimmen lernen."

Aline kannte den Ton. Eine Widerrede war ausgeschlossen. Oder man musste die Konsequenzen tragen. Nervös schweifte ihr Blick über das Wasser, auf dem ein paar Blätter trieben.

„Mama hat mir einen Schwimmring gekauft. Soll ich ihn holen?"

Eduard schnaubte verächtlich. „Du brauchst keinen Schwimmring. Schau genau hin, wie ich das mache, und dann machst du es nach."

Er stieg in den Pool und schwamm an das andere Ende. Aline versuchte, sich jede seiner Bewegungen einzuprägen. Aber er war so schnell. Sein Kopf tauchte unter und erschien prustend wieder an der Oberfläche. Als er aus dem Pool stieg, hatte sie noch immer nicht verstanden, wie genau das ging, mit den Armen und Beinen.

„Jetzt du", sagte er und wischte sich über die Brust, von der das Wasser tropfte.

„Kann ich nicht doch den Schwimmring holen?"

„Ich habe nein gesagt, und ich habe nicht ewig Zeit, mich lange mit dir herumzuschlagen. In einer Stunde beginnt die Sitzung im Rathaus."

Eduard Durand war Bürgermeister, und das bedeutete, dass auch die Erwachsenen immer taten, was er sagte.

Aline trippelte ängstlich von einem Bein auf das andere. Nach ihrer Mutter zu rufen, war auch keine gute Idee, dann würden sie wieder streiten. Wegen ihr!

Und plötzlich ging alles schrecklich schnell.

Eduard packte sie, hob sie hoch und warf sie in hohem Bogen in den Pool.

Mit weit aufgerissenen Augen ging sie unter. Das Zwitschern der Vögel verstummte, das Zirpen der Grillen wurde vom Wasser verschluckt, es war ganz still. Die Wolken schaukelten seltsam verzerrt am Himmel über ihr, und die weißen Fliesen an den Wänden schimmerten grell.

Sie wollte atmen. Wasser drang ihr in die Nase, und in völliger Panik begann sie wild zu strampeln.

Nach oben, sie musste an die Oberfläche gelangen! Es schien unmöglich, und etwas, für das sie noch keinen Namen kannte, drohte sie zu verschlingen.

Todesangst. Sie riss den Mund auf, verschluckte sich, und ihre Arme begannen sich wie von selbst an das zu erinnern, was Eduard ihr vorgemacht hatte. Ihr Kopf tauchte an die Oberfläche.

„Na also!"

Ganz kurz konnte sie Eduard hören, dann verließen sie die Kräfte, und sie sank wie ein Stein.

Jetzt fühlte es sich gar nicht mehr so schlimm an, und Aline schloss die Augen.

Stimmen. Lautes Geschrei.

Aline öffnete die Augen. Sie lag eingewickelt in ihren Bademantel auf ihrem Bett. Die Jalousien waren geschlossen, aber durch die Ritzen zwängte sich das Sonnenlicht, also war es immer noch Tag.

Eduard brüllte, und Mama schrie.

Aline schluckte, ihr Hals fühlte sich ganz rau an. So wie damals, als sie so einen schlimmen Husten bekommen hatte. Und ihr Brustkorb schmerzte, als hätte man sie verprügelt. Als sie die Augen wieder schloss, sah sie für eine Sekunde erneut die Wolken am Himmel, die sich verbogen hatten, als wären sie aus Knetmasse.

„Mach nicht so ein Theater deswegen, sie braucht keinen Arzt!"

„Sie ist fast gestorben!"

„Ist sie aber nicht! Sie ist reingefallen, und ich habe sie rausgeholt. Sie hat ein wenig Wasser geschluckt, na und? Das wird ihr eine Lehre sein. Sie wird niemals wieder, ohne zu fragen, in den Pool steigen, darauf kannst du Gift nehmen."

„Aber …“

„Schluss jetzt, verdammt. Ich will nichts mehr hören, ich muss gehen, ich bin ohnehin schon zu spät dran.“

Kurze Zeit später hörte Aline, wie Eduard wegfuhr. Er hatte Mama nicht erzählt, dass er sie ins Wasser geworfen hatte. Er hatte gelogen.

Das machte er oft. Erzählte Sachen, die ganz anders gewesen waren, und manchmal war Aline deswegen völlig verwirrt. Aber sie hatte gelernt, dass man Eduard auf keinen Fall widersprechen durfte.

Leise öffnete sich die Tür, und ihre Mutter huschte herein. Als sie sah, dass Aline wach war, kam sie zu ihr und nahm sie in den Arm.

„Wie fühlst du dich, mein Schatz?“

„Ich glaube, gut, Mama.“

„Bist du sicher? Soll ich nicht doch Doktor Mercier anrufen?“

Keinen Arzt. Das hatte Eduard gesagt, also schüttelte Aline den Kopf.

„Dann ruh dich jetzt noch ein wenig aus, mein Liebling. Ich mache dir inzwischen was zu essen.“

„Ja, Mama.“

Aline ließ sich auf das Kissen sinken und starrte an die Decke. Sie dachte an ihre Puppen, die unter dem Baum auf sie warteten.

Konnten sie schwimmen?

Der Geruch nach verbrannten Fleisch war beißend, und Viola Durand schreckte aus ihrem Dämmerschlaf. Mit einem entsetzten Schrei sprang sie vom Sofa und rannte in die Küche. Schwarzer Rauch waberte ihr entgegen, hektisch wedelte sie mit den Händen und riss das Küchenfenster auf.

Oh Gott, nein. Bitte nicht!

Doch sie wusste, was sie vorfinden würde, noch bevor die Ofenklappe ganz offen war, und brach in Tränen aus.

Ein schwarzes, verkohltes Etwas anstelle des saftigen Filets, das Eduard beim Metzger seines Vertrauens geholt hatte. Viola wickelte sich ein Küchentuch um die Hand, zog den Bräter aus dem Ofen und knallte ihn auf den Tisch. Weinend ließ sie sich auf einen Stuhl fallen.

Eine Katastrophe!

Sie hatte wieder versagt, und das würde Konsequenzen haben. Dafür gab es keine Entschuldigung.

Die Tabletten. Deshalb bin ich eingeschlafen. Ich hätte die Tabletten nicht nehmen dürfen!

Sie bereute es zutiefst, aber sie hatte die Medikamente gebraucht. Gegen die Schmerzen. Um sich dem täglichen Kampf zu stellen. Viola machte sich nichts vor. Sie war längst abhängig von all den Pillen, die ihr Doktor Mercier ohne nachzufragen verschrieb.

Wieso sollte er fragen? Sie war Eduards Frau und er einer seiner besten Freunde. Doktor Merciers größte

Leidenschaft war das Golfspiel. Und Eduard hatte in seiner Position als Bürgermeister, als vermögender und angesehener Einwohner der Stadt dafür gesorgt, dass das Projekt mit dem Golfplatz verwirklicht werden konnte. Was mit dem Bauern geschehen war, der sich vehement dagegen gesträubt hatte, blieb im Dunkeln. Von außen betrachtet, war alles perfekt.

So perfekt wie Eduards Ehefrau, das hübsche, folgsame Töchterchen, der moderne, stets aufgeräumte Bungalow, das Leben, das sie führten.

Es war eine Hölle.

Aus der es kein Entkommen gab.

Eduards erste Frau hatte das Unvorstellbare getan und sich scheiden lassen. Viola war ihr ein paar Wochen nach der Hochzeit in der Stadt über den Weg gelaufen.

Damals, als sie so verliebt gewesen war. Unsagbar glücklich. Sie hatte geglaubt, das Schicksal hätte ihren schönsten Traum in Erfüllung gehen lassen. Eine Familie. Als seine Exfrau sie angesprochen hatte, war Viola noch völlig ahnungslos gewesen.

„Verzeihen Sie bitte, haben Sie nicht kürzlich Eduard Durand geheiratet?“

„Ja, das stimmt. Kennen wir uns?“

„Vielleicht liegt ja noch irgendwo ein Foto von mir im Haus herum, ich war mal mit ihm verheiratet.“

„Ach so, also das …, ich wusste nicht …“, stotterte Viola und streckte ihr verlegen die Hand hin. „Freut mich.“ Sie kam sich ziemlich dumm vor.

Die Frau ergriff ihre Hand und hielt sie fest. „Sie haben einen schlimmen Fehler begangen. Laufen Sie weg, so schnell Sie können.“

Viola entzog ihr empört die Hand. „Was reden Sie denn da? Ich weiß ja nicht, unter welchen Umständen Sie sich getrennt haben, Eduard hat nie von Ihnen erzählt. Aber ich nehme an, dass es Streit gegeben hat.“

„Streit!“ Die Frau lachte erbittert. „Oh nein, Streit gab es keinen. So weit hat er es gar nie kommen lassen. Ihm nur zu widersprechen, hat schon Konsequenzen nach sich gezogen. Mussten Sie das noch nicht lernen?“

Die Frau ist entweder nicht ganz richtig im Kopf oder tief gekränkt, dachte Viola bestürzt und wollte schnell weitergehen. Ich werde Eduard fragen, was da los war.

Die Frau hielt sie am Arm fest. „Sie sind noch sehr, sehr jung, ich schätze mal, fast dreißig Jahre jünger als Eduard. Und bestimmt nicht von hier. Waren Sie in einer Notlage, ohne Familie oder Freunde? Ja? Also perfekt für ihn, deshalb hat er Sie ausgesucht.“

Viola war wie vor den Kopf geschlagen.

Wie konnte sie das wissen? Denn bevor sie Eduard begegnet war, hatte sie in ihrer Verzweiflung sogar mit dem Gedanken gespielt, sich zu prostituieren. Damit sie mit ihrem Baby überleben konnte.

Völlig absurd, die Frau redete einfach nur dummes Zeug! Wütend schüttelte Viola ihren Arm ab. „Keine Ahnung, wie Sie auf solch einen Unsinn kommen, und ich habe keine Zeit und Lust, mir das weiter anzuhören, also entschuldigen Sie mich!“

Viola eilte davon, doch die Frau folgte ihr noch ein paar Schritte.

„Verlassen Sie diesen Mann, so schnell Sie können. Eduard ist ein Narzisst! Ein brutaler Psychopath!“

Hätte ich ihr doch nur geglaubt und auf sie gehört, dachte Viola wohl zum tausensten Mal und wischte sich über die Augen.

Verzweifelt musterte sie das verkohlte Stück Fleisch. Da war nichts mehr zu retten. Bald würden die Gäste eintreffen. Irgendwelche Geschäftsfreunde von Eduard, die sie nur vom Hörensagen kannte.

Und wenn Eduard Gäste empfing, dann wollte er glänzen. „Das wirst du wohl hinbekommen, oder nicht? Ein zartes Stück Fleisch, etwas Gemüse und Kartoffeln. Mehr erwarte ich von dir ja gar nicht."

Und jetzt das. Viola überlegte fieberhaft. Wenn sie sich ins Auto setzte, könnte sie es vielleicht noch schaffen, ein neues Stück Fleisch zu besorgen. Aber war sie überhaupt fahrtüchtig? In ihrem Kopf drehte sich alles, und ihre Hände zitterten.

„Verflucht! Was hast du angerichtet!"

Viola hatte ihn nicht kommen hören und zuckte zusammen.

„Eduard! Es … es tut mir leid, ich weiß nicht, wie das geschehen konnte. Ich glaube es liegt am Backofen, in letzter Zeit kann man die Temperatur nicht mehr richtig regeln."

Er musterte sie kalt. „Ach ja? Weißt du, was ich glaube? Dass es keinesfalls am Backofen liegt, der hat mehr Verstand als du. Es liegt an dir! In deinem Kopf sind die Regler außer Betrieb. Du bist zu dumm. Zu blöd, um die einfachsten Dinge hinzubekommen. Oder ist es einfach nur Bosheit?" Mit funkelnden Augen näherte er sich ihr. Viola erstarrte zu Stein.

„Bitte, Eduard", flüsterte sie.

„Willst du mich vor meinen Gästen lächerlich machen? Willst du mir schaden?“

„Bitte, es war doch nur ein Missgeschick! Verzeih mir!“

„Verzeih mir, verzeih mir“, äffte er sie nach.

Das würde er nicht tun, das wusste sie aus schmerzlicher Erfahrung.

„Knie dich hin“, sagte er.

Viola gehorchte ohne ein weiteres Wort und beugte den Kopf.

Eduard ging in den Flur und griff zum Telefon.

„Ah, André, ich bin’s. Sag mal, was hast du denn heute Schönes im Angebot? Ich sitze in der Patsche, und schon in einer Stunde werden die Gäste eintrudeln.“

Eduard telefonierte mit dem Besitzer seines Lieblingsrestaurants, das er mindestens einmal pro Woche besuchte.

„Das klingt sehr gut“, rief er. „Könntest du mir bitte vier Portionen vorbeibringen lassen? Ja, schon fertig zubereitet zum Aufwärmen. Was? .... Ja, aber du kennst doch Viola. Viel zu schön, um endlich kochen zu lernen. Nichts als Mode und Starmagazine im Kopf! Aber Gott sei Dank gibt es ja dich! … Ja, mache ich. Also dann, danke dir, mein Bester!“

Mit einem leutseligen Lachen legte er auf und verschränkte die Arme vor der Brust. Er musste wohl überlegen. Viola sollte an seiner Seite die Gäste empfangen. Heute Abend war sie unverzichtbar. Doch er konnte ihr das nicht einfach so durchgehen lassen. Jede Handlung zog ihre Konsequenzen nach sich.

Doch er musste sich etwas zurückhalten. Verärgert machte er sich auf den Weg zurück in die Küche.

Aline schob ihr Fahrrad in die Garage und machte einen möglichst weiten Boden um Eduards neuen Wagen. Ein sündhaft teures Cabriolet. Sie schrammte mit dem Kniestrumpf ihrer Schuluniform über das Pedal und blickte erschrocken auf den schwarzen Fleck. Die mussten schnell im Wäschekorb verschwinden!

Als sie das Haus betrat, konnte sie Eduard hören. Er war am Telefon, und sie lief in die Küche.

Mama! Aline stockte der Atem.

Ihre Mutter kniete auf den gemusterten Fliesen, den Kopf gebeugt, die Hände gefaltet, als würde sie beten.

Doch Aline wusste, was sie da tat. Sie wartete. Auf ihre Bestrafung. Aline rannte zu ihr und packte sie an den Schultern.

„Mama! Bitte steh auf!"

Viola schüttelte den Kopf. „Das geht nicht, und das weißt du auch. Bitte geh. Geh in dein Zimmer!"

Aline stiegen die Tränen in die Augen. „Das lasse ich nicht zu! Komm, wir gehen."

Ihre Mutter hob den Kopf und sah sie eindringlich an. „Geh, sonst machst du es nur noch schlimmer. Und denk an deinen Schwur."

Der Schwur.

Aline sah sie ohnmächtig an. Ja, sie hatte geschworen. Ihrer Mutter versprochen, dass sie niemals darüber reden würde, was in diesem Haus geschah. Weil sie doch nirgends hinkonnten. Weil Eduard für sie beide sorgte. Ihnen ein schönes Zuhause gab und Aline eine teure Schule besuchen konnte. Und er doch nicht immer so böse war, und man ihm verzeihen musste.

„Schule schon aus?"

Aline wirbelte herum. Eduard lächelte sie an. Es war ein schönes Lächeln. Ein Lächeln, wie von einem Gott, der über Leben und Tod gebieten konnte.

„Geh", flüsterte Viola.

Doch Aline blieb vor ihr stehen. Ein verängstigter, kleiner Schutzengel. Gerade mal zehn Jahre alt, ein zierliches Mädchen, doch fest entschlossen, nicht von der Stelle zu weichen.

„Ja, hör auf sie", sagte Eduard. „Geh in dein Zimmer. Deine Mutter und ich haben noch etwas zu besprechen."

„Ich will hierbleiben."

Eduard zog die Brauen in die Höhe und funkelte sie an. „Wie bitte? Widersetzt sich das kleine Fräulein etwa? Du weißt doch, was mit ungehorsamen Töchtern geschieht."

Dass er sie Tochter nannte, war gar kein gutes Zeichen. Das sagte er stets, um sich zu rechtfertigen. Dass er als Vater schließlich verpflichtet war, das Kind zu erziehen.

Aline presste die Lippen zusammen und verharrte trotzig.

Eduard war schnell. Wie immer.

Selten gelang es ihr, seine Reaktion vorauszusehen und zu flüchten.

Zwei große Schritte, und schon hatte er sie an ihren Haaren gepackt und schleifte sie aus der Küche. Durch den Flur, bis ganz nach hinten zu ihrem Zimmer. Aline zerrte an seinen Fingern, versuchte stolpernd, den höllischen Schmerz auf der Kopfhaut zu mildern. Und landete in hohem Bogen auf dem Fußboden mitten im Raum.

„Du bleibst hier drin. Das Abendessen kannst du vergessen. Und wehe, ich höre heute noch einen einzigen Ton von dir!“

Die Tür knallte zu, und Aline rollte sich wie ein Kätzchen zusammen. Still weinend spitzte sie die Ohren. Obwohl sie wusste, dass ihre Mutter keinen Laut von sich geben würde.

Während Eduard auf sie einprügelte. Auf den Schädel.

Dahin, wo die Haare alle Spuren verdeckten.

Aline verschränkte die Hände hinter dem Kopf und sah in den Himmel. Grashalme kitzelten ihren Nacken und den Rücken. Sie lag auf der Wiese an dem kleinen See, der versteckt mitten im Wald lag. Hier hatte sie sich vor Jahren selbst das Schwimmen beigebracht. Sich am Rand des flach abfallenden Ufers die Knie aufgeschürft, bis sie sich weiter hineingetraut hatte. Ganz allein.

Aline war fast immer allein. Dann fühlte sie sich ruhiger. Musste niemandem etwas vorspielen.

Sie hatte keine Freundinnen, denn worüber hätte sie sich mit ihnen unterhalten können? Außer über die Schule und die Lehrer? Alle anderen schienen in einem weit entfernten Universum zu leben. In dem man sich frei und ohne Angst bewegen konnte. Wo man miteinander Spaß hatte und sich gegenseitig nach Hause einlud.

Das durfte Aline nicht. Eduard duldete keine fremden Leute in seinem Haus. Und schon gar nicht in seiner Abwesenheit.

Aline ahnte, warum. Eduard hatte Angst, dass jemandem etwas auffallen könnte. Bemerken, dass mit dieser Familie etwas nicht stimmte. Dass man herumschnüffeln könnte und Fragen stellen. Und die ganze schöne Fassade einstürzte wie morsches Gebälk.

Aline wusste, dass man sie in der Schule für eigenartig und arrogant hielt, weil sie sich absonderte. Nicht mitmachte bei dem, was Jugendliche im Alter von vierzehn Jahren so taten. Doch niemand wagte es, sich mit ihr anzulegen oder sie auszulachen. Denn sie war Eduards Tochter. Des ungekrönten Königs der Stadt.

Eine sanfte Brise strich ihr übers Gesicht, Aline schloss die Augen und gab sich ihren Tagträumen hin. Es waren stets die gleichen.

Sie malte sich aus, wegzulaufen. Weit weg, irgendwohin, wo Eduard sie nicht finden und sie ein ganz normales Leben führen konnten. Dann bräuchte ihre Mutter die ganzen Pillen nicht mehr. Dann würde sie vielleicht wieder einmal lächeln. Ein kleines Lächeln auf dem Gesicht ihrer Mutter, schon das würde Aline glücklich machen. Viola war nur noch ein Schatten ihrer selbst.

Manchmal, wenn der Hass und die Hilflosigkeit sie zu verschlingen drohten, wünschte Aline ihm mit aller Kraft den Tod. Dann sah sie Eduard in ihren Tagträumen sterben. Bei einem Unfall, oder tot daliegend nach einem Herzinfarkt. Und manchmal hatte sie auch ein Messer in der Hand. Das sie niemals würde benutzen können. Doch eines Tages …

„Seht mal, wer da auch noch die Schule schwänzt!"

Aline schreckte hoch.

Julien, Pierre und Arnaud legten ihre Mountainbikes ins Gras und schlenderten auf sie zu. Sie waren zwei Klassen über ihr. Die drei steckten ständig zusammen, bildeten eine verschworene Clique. Gutaussehende, reiche Söhne, die sich alles herausnehmen konnten. Umschwärmt von den Mädchen.

Aline konnte sie nicht ausstehen. Nur zu gut kannte sie dieses Flackern in den Augen, die Boshaftigkeit, die sich dahinter verbarg.

„Na, hast du ein Bad genommen? Steht dir übrigens sehr gut, dein Bikini“, sagte Arnaud und plumpste dicht neben sie. Er grinste und musterte sie anzüglich. „Hübsch, wirklich hübsch.“

Seine Haare waren klatschnass, sein Renntrikot glänzte, und er roch nach Schweiß. Die drei hatten sich mal wieder ein Rennen geliefert.

Aline wollte aufstehen, ihre Sachen packen und schnell verschwinden, aber nun setzte sich Pierre auch ganz dicht neben sie. Aline war eingeklemmt wie in einem Schraubstock, und die körperliche Nähe war ihr entsetzlich unangenehm.

„Ich muss gehen“, sagte sie und versuchte aufzustehen.

Pierre drückte sie an der Schulter zurück. „Wieso denn? Ist doch schön hier. Bleib ein wenig und leiste uns Gesellschaft.“

Alines Herz begann heftig zu klopfen. „Nein, ich muss jetzt wirklich … „

„Die Schule ist noch nicht aus, und bis du zu Hause sein musst, hast du noch Zeit. Und wir werden bestimmt niemanden was verraten“, sagte Arnaud und strich ihr über die Haare. „Du wirst uns ja auch nicht verpetzen, oder?“

Aline schüttelte den Kopf.

„Na also, dann entspann dich mal. Möchtest du etwas trinken?“ Pierre ließ seinen Rucksack von den Schultern gleiten und beförderte ein paar Flaschen Bier ans Tageslicht.

„Nein, danke.“ Aline konnte sich nicht rühren. In der Luft lag eine Spannung, die sie von zu Hause kannte. Eine lähmende Gewissheit, dass gleich etwas

Schlimmes geschehen würde, gegen das sie machtlos war.

Sie konnte es in den Blicken der Jungs sehen. Etwas Gieriges lag darin.

Arnaud zupfte am Träger ihres Bikinis. „Möchtest du denn nicht überall braun werden? Sieht doch besser aus. Dann musst du dieses Oberteil aber ausziehen."

Aline schlug ihm auf die Finger.

„Lass das," fauchte sie.

„Ho ho, eine Wildkatze", kicherte Arnaud und Pierre gackerte wie ein Huhn. „Du hast doch bestimmt einen hübschen kleinen Busen, also zeig mal her!"

Er zerrte an dem Träger, und Aline presste sich das Oberteil mit beiden Händen fest an die Brust. „Hör auf!", schrie sie und strampelte mit den Beinen.

Oh, Gott, ich muss hier weg!

Pierre schwang seine muskulösen Beine quer über ihre Oberschenkel, und nun konnte sie sich kaum noch bewegen.

Julien hatte die ganze Zeit vor ihnen gestanden und, ohne ein Wort zu sagen, die Szene beobachtet. Scheinbar kaum interessiert, als ob es sich um eine harmlose Rangelei auf dem Schulhof handelte. Julien war Doktor Merciers einziger Sohn, der eines Tages die Praxis seines Vaters übernehmen sollte.

„Julien, bitte!", kreischte Aline, als sich Pierres Finger zwischen ihre Beine krallten.

Julien sah sie mit einem seltsamen Blick an, studierte sie wie ein rätselhaftes Gemälde, und in Aline erlosch alle Hoffnung. Sie fühlte sich gefangen wie ein kleines Tier, hilflos ausgeliefert, und sie wusste, was jetzt geschehen würde. Hier, auf der einsamen

Waldlichtung, wo sie immer ein wenig zur Ruhe gekommen war und sich sicher gefühlt hatte.

„Hört auf, ihr Idioten“, sagte Julien unverhofft und versetzte Pierre einen leichten Tritt an den Schenkel. „Lasst sie in Ruhe.“

„Was? Wieso denn? Wollten wir nicht wieder mal unser Spiel spielen?“, frage Arnaud verärgert. Aber er hörte auf, an dem Oberteil zu zerren.

„Weil ich es sage, darum“, erwiderte Julien gelassen. „Haut ab.“

Aline wagte es kaum zu hoffen. Aber die beiden Jungs rückten von ihr ab, rappelten sich hoch und schlurften murrend zu ihren Fahrrädern.

„Was ist? Kommst du?“, rief Arnaud.

Julien hatte sich noch immer nicht vom Fleck gerührt. „Ja, gleich, fahrt schon mal vor.“

Die vielsagenden Blicke, die Arnaud und Pierre hinter ihrem Rücken austauschten, konnte Aline nicht sehen. Eine grenzenlose Erleichterung flutete wie ein warmer Strom durch ihren Körper.

„Danke, Julien“, wisperte sie und lächelte ihn an.

Er setzt sich zu ihr ins Gras und legte ihr den Arm um die Schultern. „Nichts zu danken, wovor hattest du denn eigentlich Angst?“

Aline senkte verlegen den Kopf und wusste nicht, was sie sagen sollte. Sie kam sich plötzlich schrecklich dumm vor.

„Vor der Blödheit dieser Idioten wahrscheinlich“, lachte Julien. „Die ist tatsächlich zum Fürchten.“

Auch wenn Julien ihr beigestanden hatte, jetzt kehrte die Angst zurück. Denn seine Hand streichelte über ihren nackten Rücken.

„In einer Sache hatten sie aber recht“, sagte er und hob ihr Kinn an. „Du siehst im Bikini wirklich sehr hübsch aus. Bisher habe ich dich ja nur in dieser dämlichen Schuluniform gesehen.“ Seine Augen glitzerten, als er sie mit beiden Armen umschlang und ins Gras drückte.

„Julien, bitte! Lass mich los!“ Sie versuchte ihn von sich zu stemmen. „Lass los!“

„Halt die Schnauze und stell dich nicht so an“, knurrte er, während er sich keuchend auf sie wälzte. „Sonst muss ich meine Freunde rufen. Und das wird Konsequenzen haben. Willst du das?“

Konsequenzen.

Das Wort hallte wider und wider in ihrem Kopf.

Sie hörte Eduards Stimme, während die Welt unterging.

Der Besinnungsraum

Das Wasser war kochend heiß, ihre Haut gerötet, und sie brannte wie Feuer. Aline stand unter der Dusche und starrte auf die Plastikflasche in ihren Händen. Sie war leer. Wieder und wieder hatte sie sich eingeseift, versucht, den Ekel, das Grauen und die Demütigung abzuspülen, aber es wollte ihr nicht gelingen.

Aline hatte sich nach Hause geschleppt, ins Badezimmer geschlichen wie ferngesteuert. Äußerlich ruhig, aber jetzt war die Seife verbraucht, und das brachte sie fast um den Verstand. Sie begann zu zittern, die nutzlose Flasche glitt ihr aus den Händen, und sie brach schluchzend zusammen. Das Wasser prasselte wie ein steter Regen auf ihren Rücken, Dampfschwaden waberten und Aline wünschte sich, sie könnte sich einfach auflösen. Wie ein Salzkorn verflüssigen und im Abfluss verschwinden.

„Aline! Was treibst du denn so lange da drin?“ Ihre Mutter klopfte an die Tür. „Aline! Hörst du mich?“

Aline konnte nicht antworten, ihre Stimme wollte ihr nicht gehorchen.

Niemand darf es wissen, niemand darf es wissen! Niemand!

Sie sammelte ihre Kräfte und wollte sich aufrichten, als die Kabinentür aufging.

„Aline! Um Himmels willen, komm da raus! Du verbrennst dich ja!“ Viola packte sie an den Armen, und Aline stöhnte vor Schmerz.

„Mein Gott, was hast du getan? Was ist nur passiert?“

Viola stellte das Wasser ab, legte ihr ein Badetuch um die Schultern und zog sie aus der Kabine. Alines Beine gaben nach, und Seite an Seite landeten sie auf dem Boden.

„Mama!“, schluchzte Aline und klammerte sich an sie. Als Viola sie in die Arme nahm, brachen alle Dämme. Es war zu schwer. Sie konnte das nicht alleine tragen. Sonst würde sie daran ersticken.

„Raus da!“ Eduard riss die Bettdecke zur Seite und funkelte sie böse an.

Aline öffnete blinzelnd die Augen. Ihre Augenlider waren schwer, ihr Körper fühlte sich an, als bestünde er aus Watte. Mama hatte ihr zwei von ihren Tabletten gegeben und sie ins Bett gebracht.

„Ich rede mit Eduard. Wir dürfen Julien nicht ungestraft davonkommen lassen“, hatte sie gesagt.

„Mama! Nein, bitte, tu das nicht! Eduard darf nichts davon wissen.“

„Aber was soll ich denn sonst tun? Willst du, dass wir zur Polizei gehen, ohne Eduard vorher zu informieren? Das dürfen wir auf keinen Fall.“

„Wir sagen nichts! Niemandem.“

Und jetzt hatte ihre Mutter es Eduard doch erzählt. Aline fühlte sich von ihr aufs Schlimmste verraten. Denn Eduard würde ihr die Schuld geben, das wusste sie.

Und so war es auch.

„Stimmt das, was deine Mutter da erzählt? Du hättest behauptet, dass Julien dich vergewaltigt hat?“

Aline nickte und zog die Beine an. Wenn sie doch nur in der Matratze versinken könnte.

„Aha. Aber könnte mir das Fräulein vielleicht mal erklären, weshalb es sich zu dieser Zeit an einem See herumgetrieben hat, anstatt in der Schule zu lernen. Einer teuren Schule, die übrigens ich bezahle, das mal nur so nebenbei.“

„Eduard, bitte.“ Viola stand hinter ihm und rang die Hände.

Sie war totenblass, und Aline wusste, dass sie längst bereute, mit ihm gesprochen zu haben. Immer wieder beging sie dieselben Fehler. Trotz allem glaubte sie immer noch daran, dass Eduard im Grunde gut war. Ein ganz normaler Mann, der sich um seine Familie sorgte und kümmerte.

Das Gefühl von Verachtung für ihre Mutter, das in der letzten Zeit immer häufiger in Aline hochkochte, vermischte sich mit ihrer Scham, dem Ekel und der Angst.

„Ich habe geschwänzt. Ich wollte mal allein sein." Es hatte keinen Sinn zu lügen.

„So, so." Seine Stimme vibrierte vor Zorn. „Wie oft hast du das denn schon getan? Und mich angelogen? Und gib es zu. Du lügst auch jetzt, du kleines Flittchen. Julien hat dich nicht vergewaltigt. Das würde dieser Junge niemals tun. Du hast dich ihm angeboten, war es nicht so? Aber alles, was man tut, hat Konsequenzen. Hast du Angst bekommen, dass die Sache auffliegt, und dir gedacht, ich drehe einfach mal den Spieß um?"

„Nein!", schrie Aline. „So war es nicht!"

„Lügen! Nichts als Lügen!", brüllte Eduard, packte ihre Haare und zog sie aus dem Bett. „Aber ich bin großzügig. Ich werde dir die Chance geben, dir die Sache zu überlegen. Ob du nicht doch die Wahrheit sagen willst." Er zerrte sie mit sich.

„Mama!" Aline stolperte neben ihm her.

Doch ihre Mutter rührte sich nicht.

„Ich gebe dir Zeit, zur Besinnung zu kommen, mein Kind. Und ich empfehle dir, sie gut zu nutzen."

Aline blickte in panischer Angst auf die Stufen.

Sie führten in den Keller.

Aline löste die Hände von den Ohren und knetete die verkrampften Finger. Es war wieder still. Und stockdunkel.

Doch für wie lange? Das war unmöglich vorauszusehen. Sie musste die Zeit nutzen, um sich ein wenig zu erholen. Von den grellen, blitzenden Lichtern, die sich selbst bei geschlossenen Lidern in die Augen brannten. Von den dröhnenden, kreischenden Tönen, die auf- und abschwollen, bis das Trommelfell zu platzen drohte.

Das Intervall hatte diesmal nicht so lange gedauert, trotzdem hatte sie Mühe, die Beine auf dem Betonboden auszustrecken und die Arme zu lockern. Sie war zusammengekrampft in der Ecke gekauert, hatte versucht, Augen und Ohren zu schützen.

Und nicht den Verstand zu verlieren.

Nur darauf kam es an. Aline hatte schon viele Stunden hier unten verbracht. Genau wie ihre Mutter.

Um zur Besinnung zu kommen. Um zu begreifen, dass Eduard doch nur das Beste wollte. Und dass es Konsequenzen hatte, wenn man das nicht einsehen wollte und ihm nicht gehorchte.

Vor Jahren hatte er diesen Raum einbauen lassen. Schalldichte Wände und Decke, mit integrierten Lautsprechern und Scheinwerfern. Ein Raum, um ungestört Musik zu hören, das hatte er den neugierigen Handwerkern erzählt.

Ja, Eduard war zum Komponisten geworden. Er erschuf seine eigenen, teuflischen Symphonien. Eine Folter, die keine Spuren hinterließ.

Manchmal, wenn Aline über Stunden im Keller ausharren musste, konnte sie fühlen, wie ihr Wesen in Bruchstücke geschnitten wurde. In kleine Splitter, die sich nicht mehr richtig zusammenfügen ließen. Verloren gingen, wie Teile eines Puzzles.

Ein schrilles Pfeifen ließ ihre Hände hochschnellen, und reflexartig kniff Aline die Augen zu.

Das nächste Stück hatte begonnen.

Doktor Mercier

„Gut, dass du die Schwangerschaft nicht noch länger verschwiegen hast, mein Kind. Du bist viel zu jung, um Mutter zu werden."

Aline lag mit gespreizten Beinen auf dem gynäkologischen Stuhl in der Praxis, die der Kollegin von Doktor Mercier gehörte. Man wollte wegen dieser dummen Sache nicht unnötig Staub aufwirbeln. Und schon gar nicht publik machen. Da sich die beiden Praxen im Haus befanden, das Doktor Mercier gehörte, und er selbstverständlich einen Schlüssel besaß, war alles kein Problem.

„Es ist nur ein kleiner Eingriff, doch es könnte ein wenig wehtun", sagte der Arzt und lächelte sie gezwungen an. Er war braungebrannt wie sein Sohn. Er hatte die gleichen Augen, denselben Blick. Aline klammerte sich an die Haltegriffe, um nicht laut loszuschreien.

Es war später Abend, niemand sonst war in der Praxis. Eduard hatte sie hergebracht und wartete vor dem Haus im Auto. Ihre Mutter lag besinnungslos von ihren Tabletten im Bett.

Es hatte keine Diskussionen gegeben, es wäre zwecklos gewesen. Und Aline hatte nur den einzigen Wunsch gehabt. Alles zu vergessen. Die Minuten auf der Wiese auszuradieren wie einen schwarzen Fleck in ihrem Schulheft.

Jetzt lag sie da und starrte an die stuckverzierte Decke. Erst in diesem Moment wurde ihr bewusst, dass da etwas in ihr wuchs. Lebte. Etwas, das ihr mit Gewalt eingepflanzt worden war und das sie niemals würde lieben können. Oder war es vielleicht doch ein Wesen, das ihr Halt geben könnte, ihrer Existenz einen Sinn? Sie wusste es nicht.

Und es war zu spät.

„Ich mache dir keine Vorwürfe", sagte Doktor Mercier, während er eine Spritze aufzog. „Julien ist ein charmanter, gutaussehender Junge, und glaub mir, du bist nicht die Erste, die sich hoffnungslos in ihn verliebt. Ich bin sehr froh, dass du vernünftig bist und einsiehst, dass das keine Zukunft haben kann. Du musst ihn gehen lassen, hörst du? Bald wird er studieren, und nach dir werden noch viele Mädchen kommen. Lass dir Zeit mit solchen Dingen, bis du etwas älter bist. Oder, wenn du das nicht schaffst, dann nimm wenigstens die Pille."

Aline wollte aufspringen, ihm ins Gesicht spucken, auf ihn einschlagen, solange, bis dieser väterliche, verständnisvolle Ausdruck für immer getilgt war.

Stattdessen schloss sie die Augen und schwieg.

„Also dann, mein Kind. Bist du bereit?"

„Verabschiede dich von deiner Mutter, in einer halben Stunde wird sie abgeholt."

„Abgeholt? Was soll das heißen? Wohin?" In Aline keimte eine böse Vorahnung auf.

Umständlich entkorkte Eduard eine Flasche Weißwein. „Sie kommt endlich in eine Klinik, das ist überfällig. Eine psychiatrische Klinik, um genau zu sein." Er blickte auf und kniff die Augen zusammen.

„Schau mich nicht so an. Selbst du musst inzwischen gemerkt haben, dass sie nicht mehr bei Verstand ist. Wenn sie sich weiter so mit Tabletten vollstopft, wird sie nicht mehr lange leben."

Aline ballte die Fäuste. Ja, es stimmte. Als sie gestern nach langen Wochen wieder nach Hause gekommen war, hätte sie ihre Mutter fast nicht mehr erkannt. Eine fremde Frau, ein körperliches und seelisches Wrack.

Und wem habe ich das zu verdanken? Dir, du elendes Monster, du verfluchter Mistkerl!

Aline grub ihre Nägel tief in ihre Handballen, mit aller Kraft musste sie sich zurückhalten, um sich nicht auf ihn zu stürzen.

„Keine Sorge", sagte Eduard. „Ich werde die Gebühren für dein Internat auch weiterhin bezahlen. Aber danach ist Schluss. Ich habe es satt, euch durchzufüttern. Denn habe ich jemals einen Dank dafür bekommen? Habt ihr mir jemals …"

Aline rannte davon. Sie konnte sich Eduards Vortrag keine Sekunde länger anhören. Zu oft hatte sie ihn schon gehört. Seine selbstmitleidigen Klagen über ihre Undankbarkeit, dass ihm die Wertschätzung verweigert werde, die ihm doch zustehe. Dass sie ihm das Leben schwermachten mit ihrer Uneinsichtigkeit.

Viola saß in einem Korbstuhl im Garten. Trotz der Hitze hatte sie sich eine Decke umgewickelt. Ihr Gesicht wirkte grau, und ihr Blick ging ins Leere. Doch sie lächelte, als Aline sich zu ihr setzte.

„Wie ist es denn so im Internat? Hast du dich dort gut eingelebt?“, murmelte sie.

Diese Frage hatte ihr ihre Mutter seit ihrer Ankunft gestern schon mehrmals gestellt. Sie schien alles gleich wieder zu vergessen. Aline beugte sich zu ihr und nahm ihre Hand.

„Mama“, sagte sie. „Ich lasse nicht zu, dass sie dich wegsperren. Ich …“

Viola schüttelte den Kopf. Ihr Blick wirkte auf einmal klar. „Es ist besser so, und das weißt du auch. Dann sind wir beide weg von ihm. Du im Internat und ich … und vielleicht ...“ Sie rang nach Worten, versuchte, sich zu konzentrieren, und seufzte tief.

„Ach, mein Liebling, du bist schon fast erwachsen, bald siebzehn. Du musst fleißig lernen, hörst du? Hast du gute Noten bekommen? Bestimmt bist du die Klassenbeste in Deutsch. Ja, es war richtig, dass ich dich in meiner Muttersprache großgezogen habe. Ich vermisse die Stunden, in denen du mir vorgelesen hast. Ich vermisse den Klang meiner …“ Für einen Moment verlor sie sich in ihren Gedanken. „Du könntest später in der Tourismusbranche arbeiten, oder als Dolmetscherin, und ich …“ Sie zuckte zusammen und rieb sich mit beiden Händen die Stirn.

„Diese Kopfschmerzen! Sie bringen mich um!“

Aline stiegen die Tränen in die Augen.

Viola sah sie traurig an. „Nicht weinen. Du bist doch ein starkes Mädchen. Eine Kämpferin. Das habe ich sofort erkannt, als ich dich gefunden habe.“

Aline starrte sie an. „Gefunden?“

Viola erschrak. „Habe ich gefunden gesagt? Unsinn.“ Sie schlug die Augen nieder und knetete ihre Hände. Wie ein kleines Mädchen, das man bei einer Missetat erwischt hatte.

Alines Magen fühlte sich plötzlich an, als hätte sie etwas Schlechtes gegessen. „Mama, rede mit mir!“

Bestürzt blickte Viola sich um, als würde sie am liebsten fliehen.

„Ich habe es dir schon lange erzählen wollen“, wisperte sie und sank in sich zusammen. „Ich bin nicht deine Mutter. Nein, das stimmt nicht! Ich bin sehr wohl deine Mutter. Keine Frau könnte dich mehr lieben, als ich es tue. Aber … aber ich habe dich nicht geboren.“

Was redet sie da! Das kann nicht sein, ihre Sucht hat sie um den Verstand gebracht!

Aline unterdrückte den Drang, sie zu packen und zu schütteln.

„Und wer ist meine Mutter?“ Es war erstaunlich, wie ruhig ihre Stimme klang.

„Das weiß ich doch nicht“, jammerte Viola. „Sie…, diese Frau wollte dich nicht. Sie hat dich einfach am Straßenrand liegen lassen. Mitten im Nichts. Ein neugeborenes Baby, und ich habe dich mitgenommen. Das musste ich tun. Ich habe dich sofort über alles geliebt, du bist das Beste, was mir jemals passiert ist. Und es tut mir unendlich leid, was du alles durchmachen musstest. Ich wusste doch damals nicht, was für ein Mensch Eduard ist. Ich habe mich täuschen lassen. Ich war so entsetzlich dumm. Aline? Bitte sag doch etwas. Aline?“

Aline saß wie versteinert da. Um sie drehte sich der Garten, die ganze Welt. Denn so unfassbar das war, was die Frau, die sie für ihre Mutter gehalten hatte, erzählt hatte, Aline glaubte ihr.

Denn plötzlich schien es eine Erklärung zu geben für das Chaos in ihr. Es hatte nicht nur an Eduard gelegen, seiner Bosheit und den grausamen Dingen, die er ihnen angetan hatte.

Das Gefühl, am falschen Platz zu sein, in einer Welt aufzuwachsen wie in einer Theaterkulisse, während irgendwo das echte Leben ohne sie stattfand, hatte Aline begleitet, seit sie denken konnte.

Am Straßenrand liegen gelassen.

Wie Müll.

Der Schmerz, den diese Worte auslösten, war so überwältigend, so unermesslich, dass unter ihr der Boden zu wanken schien.

„Aline, mir geht es nicht gut. Aline! Hörst du mich? Bitte hol mir meine Tabletten. In der Küche. Bitte, Aline.“ Viola quengelte wie ein kleines Kind.

Von weither drang die Stimme in ihr Bewusstsein, und Aline blickte sie an, als sähe sie Viola zum ersten Mal. Ein Häufchen Elend, gequälte Blicke, die unstet umherschweiften. Aline wurde klar, Viola hatte bereits wieder vergessen, was sie eben erzählt hatte. Die Wut, die vor einer Sekunde aufgeflackert war, erlosch bei dem Anblick dieser gebrochenen Frau.

Es war wirklich das Beste, wenn man sie endlich in eine Klinik brachte.

„Ich hol dir deine Tabletten", sagte Aline und raffte sich auf. Wie im Traum lief sie auf das Haus zu.

Aline zog die Schublade auf, in der die Medikamente aufbewahrt wurden, und sog die Luft ein.

Ein wildes Durcheinander. Dutzende Schachteln, Blister und Fläschchen. Schlaftabletten, Beruhigungstabletten, Schmerzmittel, und ein Fläschchen mit einer Substanz, die Morphin enthielt.

Ein Wunder, dass sie überhaupt noch lebt! Dass sie sich nicht längst selbst vergiftet hat.

Aline zuckte zusammen, als sie Eduard laut lachen hörte. Er spazierte mit dem Telefon in der Hand durch den Flur. Er redete anscheinend mit einer Frau. Säuselte, zwitscherte in einer Tonlage, die sie noch nie bei ihm gehört hatte.

„Hast du schon gepackt, mein Häschen? Nicht? Dann beeil dich mal. Gleich wird sie abgeholt, und dann brauche ich dich hier. Was? Ja, es ist ganz schrecklich, aber glaub mir, es ist das Beste für sie. Für uns alle. Sie wird gut versorgt sein, mach dir darüber keine Gedanken. Und für dich und mich beginnt heute ein neues Leben, also mach schnell jetzt und …"

Den Rest konnte Aline nicht mehr verstehen, die Tür seines Arbeitszimmers hatte sich hinter ihm geschlossen.

Aline ballte die Fäuste. Du Dreckskerl.

Eduard verlor keine Zeit, er hatte anscheinend schon die geeignete Nachfolgerin gefunden. Eine neue Schülerin, die lernen würde, dass es für alles

Konsequenzen gab. Sein Spielzeug war unbrauchbar geworden. Abgestumpft, unerreichbar hinter einer Mauer aus chemischen Substanzen. Er hatte Viola zerstört. An Körper und Geist.

Aline legte die Tabletten zurück in die Schublade und schloss sie. Es war, als löste sie sich aus ihrem Körper, als beobachtete sie sich selbst.

Ein siebzehnjähriges Mädchen, das in der lichtdurchfluteten Küche stand und vor sich hinstarrte. Das zwei Schritte machte. Die Hand hob und ein Messer aus der Schublade zog. Durch den Flur ging und eine Tür öffnete.

Ein Mädchen, das zielstrebig auf ein seelenloses Ungeheuer zuschritt.

Ein Mädchen, das schrie und kreischte, während es zustach.

Immer wieder.

Auf der Flucht

Aline spähte über den Rand des Abfallcontainers. Ihr Herz schlug schnell, und sie sah sich nervös um. Ihr war klar, dass man sie hier suchen würde. Aber sie musste sie sehen. Die Frau, die gar nicht ihre Mutter war. Vielleicht war sie inzwischen so weit genesen, dass man vernünftig mit ihr reden konnte. Über das Baby, das sie gefunden hatte. Wo sie es gefunden hatte. Aline musste herausfinden, wer ihr das angetan hatte. Wem sie all die Jahre in einer Hölle zu verdanken hatte. Sie war von diesem Gedanken regelrecht besessen.

Am frühen Morgen war sie aus der Erziehungsanstalt ausgebrochen, es war eigentlich ganz leicht gewesen. Und bis zur Klinik zu kommen auch. Es gab immer Leute, vor allem Männer, die gerne junge Mädchen mitnahmen, die am Straßenrand den Daumen in die Luft hielten.

Sie hatte den Schriftzug der Klinik auf dem Auto gerade noch lesen können, als sie von der Polizei abgeführt worden war. Wahrscheinlich hatte man wochenlang in der Stadt darüber geredet. Über die Mutter, die man in eine Klapse gebracht hatte, und die Tochter, die auf ihren Stiefvater eingestochen hatte.

Eduard hatte die Aufmerksamkeit gewiss genossen. Seine Rolle als gebrochener Mann, der sich doch jahrelang für seine Familie aufgeopfert hatte. Da war es nur zu verständlich, dass er nun Trost bei einer anderen suchte.

Die Seitentür des Küchentrakts öffnete sich, und eine junge Frau kam mit einem Abfallsack in den Händen heraus. Suchend sah sie sich um.

„Hier! Ich bin hier!“, rief Aline leise.

Die Frau huschte auf den Container zu.

„Und? Konnten Sie etwas über sie herausfinden?“, flüsterte Aline voller Hoffnung.

Sie hatte die Küchenhilfe vor zwei Stunden angesprochen und sie inständig gebeten, sie nicht zu verraten. Und herauszufinden, wie es Viola ging. Welche Möglichkeit es gäbe, ungesehen mit ihr zu sprechen.

„Ja, das konnte ich.“ Die Frau sah sie mitleidig an.

„Ja, und? Wie geht es ihr? Darf sie vielleicht mal in den Park?“

Die Frau schüttelte traurig den Kopf. „Es tut mir schrecklich leid, aber Ihre Mutter ist tot. Es heißt, sie sei gestern verstorben. Die Nieren haben versagt.“

Wortlos drehte Aline sich um und rannte davon.

Hinter der Fassade

Alles schien zu leuchten.

Die Fassaden der Häuser und Hotels des beliebten Ferienorts im Süden Frankreichs wetteiferten mit ihrer Schönheit mit den Jachten, die im Hafen schaukelten. Aus den riesigen Blumentrögen an der gepflegten Promenade ergossen sich Kaskaden duftender Blumen. Wie das Meer im Sonnenlicht glitzerte der Schmuck auf sonnengebräunter Haut. In den Schaufenstern präsentierten sich luftige Sommerkleidchen, edelste Hemden, Schuhe aus feinstem Leder, und aus den Türen der Parfümerien dräuten Duftwolken wie sinnliche Versprechen.

Unter den Sonnenschirmen schäumte der Alkohol in geschliffenen Gläsern, und auf den Tellern wurden Kunstwerke serviert.

Doch schon ein paar Meter weiter hinten verschwand der Glanz in den schmaler werdenden Straßen. In den engen Gassen, die gesäumt waren von achtlos weggeworfenen Zigaretten, Flaschen und Dosen. Hinter den staubigen Schaufenstern stapelten sich Kisten mit Gemüse, Früchten und billigem Wein, neben Waschmitteln und Kleidungsstücken aus Fernost.

Der Putz bröckelte von den Hauswänden, die halbverrotteten Fensterläden blieben stets geschlossen. Vor den Bistros standen Plastikstühle, in denen sich kleine Gruppen von Männern fläzten, die rauchten, lautstark diskutierten und lachten. Manchmal auch stritten. Dann flogen die Fäuste und Gläser. Aber man trug es unter sich aus. Niemand käme auf die Idee, die Polizei zu rufen, die sich ohnehin ewig Zeit gelassen hätte.

Hier hatte Aline vor Monaten Unterschlupf gefunden. Auf einer Matratze im Vorratsraum eines Bistros. *Chez Juliette*, so hieß auch die Inhaberin. Eine stämmige Frau, deren Alter unmöglich zu schätzen war und aus dem sie ein Geheimnis machte. Sie ließ sich von niemandem einschüchtern, hatte sich als alleinstehende Frau im Quartier Respekt verschafft.

Alle, die Juliette das erste Mal begegneten, unterschätzten sie. Auch Aline hatte sich gründlich in ihr getäuscht, als sie nach ihrer Flucht aus der Erziehungsanstalt versucht hatte, sie zu bestehlen.

Ohne einen Plan, halb verhungert, war Aline in der Stadt angekommen. Stundenlang war sie die Promenade auf- und abgelaufen. Hatte sich scheinbar ganz entspannt auf eine der Bänke gesetzt, als zwei Polizisten auf ihren schweren Motorrädern im Schritttempo vorbeirollten.

Vor ihr lag das Meer. Blau, endlos, traumhaft schön, doch das konnte Aline nicht berühren. Sie fühlte sich wie ein leeres Gefäß. Verstört von der Nachricht über Violas Tod. Einsam und verloren.

Was sollte sie jetzt tun? Wohin gehen?

Der Gedanke, einfach Schluss zu machen, drängte sich ihr wieder auf. Das würde niemanden auf der Welt kümmern. Hätte sie nicht schon gleich nach der Geburt sterben sollen? Was hatte es noch für einen Sinn weiterzumachen?

Das grelle Sonnenlicht schmerzte ihr in den Augen, und ihr wurde schwindelig. Sie hatte seit einem Tag nichts gegessen. Mühsam rappelte sie sich auf und sah sich um. Hier in aller Öffentlichkeit in den

Abfallkörben zu wühlen, würde Aufmerksamkeit erregen. Aber vielleicht ein paar Straßen weiter? Im schlimmsten Fall würde sie etwas stehlen, aber sie musste endlich etwas essen.

In einer Seitengasse schwatzten zwei Frauen. Sie trugen ärmellose, bunte Kleider. Ihre Füße steckten in bequemen, flachen Sandalen, und an ihren Armen baumelten prall gefüllte Einkaufskörbe. Als Aline an ihnen vorbeischlenderte, entdeckte sie einen Geldbeutel, der zuoberst auf einer Tüte lag. Der regelrecht dazu einlud, ihn mitzunehmen.

Aline ging weiter und drückte sich in eine Hausecke. Ihr Herz pochte. Sie hatte noch nie etwas gestohlen, aber sie war auch noch nie auf sich allein gestellt gewesen. Das würde sie von jetzt an für immer sein. Sie musste nun für sich selbst sorgen und etwas tun. Entschlossen straffte sie die Schultern und spähte um die Ecke.

Die Frauen verabschiedeten sich voneinander, und diejenige mit dem Geldbeutel spazierte auf sie zu.

Als sie auf ihrer Höhe ankam, sprang Aline hinter der Ecke hervor und griff blitzschnell in den Korb.

Und wurde von einer starken Hand am Arm gepackt.

„Nicht mit mir, du kleine Schlampe“, zischte die Frau und sah sie erbost an.

Zu Tode erschrocken versuchte Aline sich aus der Umklammerung zu winden. Aber die Frau war stark. Unter ihrer dunklen Haut spannten sich die Sehnen des Arms, und sie wirkte überhaupt nicht mehr wie ein einfaches Hausmütterchen. Ihr Gesicht war von Furchen durchzogen, ihre schwarzen Augen funkelten vor Zorn.

„Wolltest die alte Juliette beklauen, du kleine Ratte, na warte, ich …“

Vor Alines Augen verschwamm das zornige Gesicht, ihre Beine gaben nach, und wie in Zeitlupe, klappte sie zusammen.

„Jetzt komm schon, aufwachen!“

Jemand tätschelte ihr grob die Wange und Aline schlug verwirrt die Augen auf.

„Bist du ein Junkie? Säufst du?“, fragte Juliette, die über ihr gebeugt stand.

Aline schüttelte den Kopf und versuchte aufzustehen.

„Langsam, mein Kind“, sagte Juliette und half ihr dabei. Dann musterte sie Aline von Kopf bis Fuß.

„Nein, Drogen nimmst du anscheinend nicht. Ich tippe mal, du bist eine Ausreißerin, richtig? Kein Geld, und vor allem keine Papiere. Für was wolltest du denn meine sauer verdiente Kohle ausgeben?“

„Essen“, stammelte Aline. „Ich wollte mir was zu essen kaufen.“ Beschämt senkte sie den Kopf.

Juliette musterte sie schweigend. Dann griff sie nach ihrem Korb, der neben ihnen auf dem Boden stand.

„Also gut“, seufzte sie. „Du bist so verflucht jung. Viel zu jung, um dich in dieser Gegend alleine herumzutreiben. Was glaubst du, was mit Mädchen wie dir hier geschieht, wenn niemand auf sie aufpasst? Na?“

Aline wusste nicht, was sie antworten sollte, und schlug die Augen nieder.

„Die schnappen dich, und dann darfst du für sie die Kohle ranschaffen, du Unschuld vom Lande! Das würde dir gar nicht gefallen, glaub mir. Aber heute ist dein Glückstag. Du kannst bei mir in der Küche helfen, bis du einen Plan hast, wie es mir dir weitergehen soll. Einen Platz, wo du schlafen kannst, finden wir auch noch.“

Aline sah sie zweifelnd an. Aber was blieb ihr übrig?

„Na los, komm. Und keine Sorge. Unter Juliettes Fittichen bist du behütet wie in einem Tresor. Keiner wird dich mit seinen dreckigen Fingern anfassen.“

Aline trottete neben ihr her, als Juliette abrupt stehen blieb.

„Ach noch was“, sagte sie und wackelte mit dem dicken Zeigefinger. „Wenn sie dich erwischen, wenn dich die Polizei schnappt …, ich kenne dich nicht. Ich habe dich nie gesehen! Hast du kapiert?“

Aline schleppte Kisten, schnitt Gemüse und lernte zu kochen, was nicht besonders schwer war. Denn bei Juliette wurden einfache Gerichte serviert. Den meisten Umsatz machte sie ohnehin mit Alkohol.

Es dauerte nicht lange, bis Aline auf den Geschmack kam. Nach zwei, drei Gläsern Rotwein konnte sie besser schlafen auf der muffigen Matratze in der Vorratskammer, durch die manchmal Mäuse huschten. Aline musste lernen, mit dem Ekel umzugehen, wenn sie am frühen Morgen die schmutzigen Toiletten putzen musste.

Juliette brachte ihr nachts, auf den verlassenen Straßen und Plätzen zwischen den Markthallen eines Einkaufzentrums das Autofahren bei. „Man kann nie wissen, wenn vielleicht mal Not an der Frau herrscht“, hatte Juliette ihr zugezwinkert.

Und Aline musste lernen, sich zu verteidigen. Gegen die aufdringlichen, betrunkenen Männer, die Arme wie Kraken zu haben schienen. Hände, die sie festhalten wollten, wenn sie vorbeieilte. Aline lernte, sich zu prügeln, wenn es nötig war. Und blitzschnell zu verschwinden, wenn sich einer der Bandenchefs im Lokal zeigte. Oder jemand von der Polizei, was allerdings nur selten vorkam.

Aline führte ein Leben im Schatten, eine Komparsin in einer Geschichte, die nicht die ihre war. Denn innerlich fühlte sie sich, als wäre sie gestorben.

Manchmal rauchte sie einen Joint oder warf sich eine Pille ein, die ihr einer der Dealer großzügig spendierte. Dann füllte sich die Leere, sie konnte wieder Licht und Farben wahrnehmen. Aline wusste sehr gut, wie schmal der Grat war in eine Sucht. Auch ohne die Prügel, die sie bezog, als Juliette sie erwischt hatte. Grün und blau hatte Juliette sie geschlagen, und dabei so herumgebrüllt, dass die Gäste fluchtartig das Lokal verlassen hatten. Ja, alles hatte Konsequenzen.

Einfach alles.

Selbst, dass man zu einer außergewöhnlich hübschen, jungen Frau heranreifte. Die Maliks Aufmerksamkeit erregte. Der Thronfolger des Clans kontrollierte das ganze Territorium.

Malik hatte ein Auge auf sie geworfen. Und er schlug Juliette vor, ihre Schulden bei ihm mit einem Schlag zu tilgen, wenn sich Aline zu seinen Mädchen gesellte. Seinen fleißigen Bienen.

Juliette warf Malik mit Flüchen und tausend Verwünschungen kurzerhand aus dem Lokal. Doch Aline sah die Angst und die Verzweiflung in ihren Augen.

„Ich habe versprochen, dich zu beschützen“, sagte Juliette in hilflosem Zorn. „Und das werde ich tun, keine Sorge. Der Dreckskerl wird es nicht wagen, sich mit der alten Juliette anzulegen.“

Doch, das wird er, dachte Aline. Und niemand wird dir beistehen. Denn niemand, der noch bei Verstand ist und nicht als Krüppel oder Leiche enden will, stellt sich gegen den Clan.

Vielleicht war es an der Zeit zu verschwinden.

Aline schlenderte gedankenversunken ein letztes Mal die Promenade entlang. Ein kleiner Schatten im Licht. Morgen wollte sie sich von Juliette verabschieden. An einem anderen Ort einen Unterschlupf suchen. Vielleicht sogar eine Zukunft im Licht?

Sie wurde kaum beachtet, denn um sie waren die Menschen damit beschäftigt, sich zu vergnügen. Ihr Geld auszugeben für die Freuden des Sommers. Zu lachen, zu flirten, oder sich zu betrinken.

„Oh Gott!“

Aline hob den Kopf und die Welt zersprang in tausend Scherben.

Melly

Die Luft war stickig, und Melly hatte das Gefühl, kaum noch Luft zu bekommen. Wie lange war sie jetzt schon hier drin? Es kam ihr vor, als wären es Stunden, aber das konnte nicht sein. Das würde Josy nicht machen. Aber warum hatte sie sie überhaupt eingesperrt? Bei den Monstern?

Melly fuhr sich übers Gesicht. Ich muss nachdenken, hat Josy gesagt. Aber das ist doch kein Grund? Sie hätte mich doch einfach nach Hause schicken können.

Melly presste ein Ohr an die Metallwand und lauschte.

Nichts, kein Laut.

Ist sie überhaupt noch da?

Melly verfiel in Panik bei der Vorstellung, dass Josy sie allein zurückgelassen hatte.

Nein, nein, nein, nein!

Sie schwitzte vor Anstrengung, die Tränen und die Schreie zu unterdrücken.

Du musst ganz still sein, sonst weckst du die Monster!

Klara

Klara kroch auf die Ellenbogen gestützt über die Fliesen. Die Beine schleiften nutzlos hinter ihr her.

Oh Gott! Habe ich mir das Rückgrat gebrochen?

Mit aller Kraft verdrängte sie den Gedanken. Denn jetzt ging es um Melly. Sie hatte sich das nicht eingebildet, Melly war da gewesen, und jetzt war sie fort. Zusammen mit Josy. Die unberechenbar geworden war.

Das Telefon!

Sie musste es bis ins Wohnzimmer schaffen und versuchen, sich das Telefon vom Tisch zu angeln. Die Schmerzen, die bei der kleinsten Bewegung durch ihren Körper jagten, waren unerträglich. Sie biss die Zähne zusammen und kroch weiter.

Nur noch einen Meter, noch ein kleines Stück! Entkräftet fiel sie aufs Gesicht.

Was habe ich nur angerichtet?

Ein Weinkrampf schüttelte sie, bis sie kaum noch atmen konnte.

„Du bist nicht allein." Das war das Letzte, was sie zu Josy gesagt hatte, bevor sie so ausgerastet war.

Klara hatte gedacht, es wäre Josy ein Trost, wenn sie endlich die Wahrheit erfahren würde. Dass sie neuen Mut fassen könnte nach dem Tod der Eltern. Mit dem Wissen, dass sie doch nicht alleine war auf der Welt.

Dass es noch jemanden gab. Den man vielleicht immer noch finden konnte.

Die Geburt

Der Tisch auf der Terrasse war gedeckt, und Klara sah sich zufrieden um.

Herrlich, wunderschön! Die bewaldeten Hügel im Sonnenlicht, der Duft der Blumen, die in wilder Pracht um das Haus blühten. Das Summen der Bienen im Weinlaub an der Fassade und das Zirpen der Grillen, die im Gras versteckt ihr nachmittägliches Konzert abhielten.

Es war enttäuschend gewesen, dass Gregor Tauben seine schwangere Frau Christine nicht in den geplanten Urlaub begleiten konnte. Doch für Klara andererseits ein Glück, denn durch diesen Umstand war sie in der traumhaften Gegend gelandet, in einem abgelegenen Ferienhaus, das wie eine kleine Burg über dem Tal thronte.

Natürlich gingen die Geschäfte vor, und Gregor Tauben wusste, dass er sich auf Klara verlassen konnte. In drei Tagen wollte er nachkommen, und dann würde Klara ein wenig die Gegend erkunden. Zusammen mit ihrer Tochter, die seit zwei Jahren hier in Südfrankreich ganz in der Nähe lebte. Im Paradies.

Obwohl … Klara runzelte die Stirn und strich das Tischtuch glatt. Glücklich war sie nicht geworden, auch wenn die Gegend so schön war. Zwei Fehlgeburten – und jetzt auch noch geschieden. Die Träume ihrer Tochter waren zerstört, ihr großer Wunsch nach einer Familie hatte sich zerschlagen.

Du bist doch jung, mein Kind! Du hast doch noch so viel Zeit. Mit fünfundzwanzig Jahren hat man das Leben vor sich.

So hatte Klara sie vor zwei Tagen zu trösten versucht, als sie sich nach langer Zeit wieder in die Arme schließen konnten.

Klara war erschrocken über den Anblick ihrer Tochter, die sie alleine großgezogen hatte. Man musste nicht vom Fach sein, um zu erkennen, dass sie unter einem Trauma litt. Sie hatte sich völlig in ihrem Schmerz vergraben, ließ niemanden an sich heran.

Heute war sie zu einem frühen Abendessen bei ihnen eingeladen. Und Klara hoffte inständig, sie mit Christines Hilfe davon zu überzeugen, dass sie sich professionelle Hilfe suchen sollte.

Klara rückte die Gläser zurecht und sah auf die Uhr.

Wo steckt Christine eigentlich so lange? Sie müsste längst zurück sein!

Klara begann sich Sorgen zu machen. Christine Tauben hatte sich vor drei Stunden ins Auto gesetzt, um unten im Dorf ein paar Besorgungen zu machen.

Fast sieben Kilometer auf einer einsamen, kurvenreichen Straße. Hochschwanger.

Ich hätte das nicht zulassen dürfen, dachte Klara. Das mulmige Gefühl in ihrem Magen verstärkte sich. Ich rufe sie jetzt an und frage, wo sie bleibt!

Sie eilte ins Haus, in dem es angenehm kühl war, griff nach ihrem Handy und suchte ihre Nummer. Das Klingeln kam aus der Küche. Als Klara nachschaute, fand sie Christines Handy auf dem Tisch.

Das darf nicht wahr sein! Sie hat es liegen lassen.

Plötzlich erschien es ihr dringend, etwas zu unternehmen. Nach Christine zu suchen.

Klara überlegte fieberhaft. Sie hatten nur ein Auto, also musste sie wohl bei der Polizei anrufen. Aber abgesehen davon, dass sie kein einziges Wort

Französisch sprach, war das nicht doch etwas übertrieben? Gleich die Polizei alarmieren, während Christine wahrscheinlich gemütlich irgendwo einen Kaffee trank?

Aber so lange? Und was, wenn ihr nun doch etwas zugestoßen ist?

Unschlüssig drehte sich Klara in der Küche im Kreis. Endlich kam ihr eine Idee, und sie wählte die Nummer ihrer Tochter.

„Kannst du bitte etwas früher herkommen? Ja? Da bin aber froh! Ich mache mir ein wenig Sorgen um Frau Tauben. Sie hat ihr Telefon liegen lassen, und ich kann sie nicht erreichen. Sie müsste eigentlich längst wieder zurück sein. Also ich will nicht gleich die Pferde scheu machen, aber falls sie nachher immer noch nicht da ist, könntest du mir vielleicht suchen helfen. Also, bis gleich!"

Klara legte auf und hoffte, dass sie das Richtige tat.

Das Auto stand keinen Kilometer vom Ferienhaus entfernt am Rand der schmalen Straße. Christine war nie bis ins Dorf gelangt. Die Fahrertür und eine der Hintertüren des Kombis standen offen.

„Da vorne!", schrie Klara. „Halt an! Das ist ihr Wagen!"

Lieber Gott! Was ist geschehen in diesen drei Stunden?

Klara war so erschrocken, dass sie kaum mehr denken konnte.

„Ich kann nicht aussteigen! Wieso geht das dumme Ding nicht auf?" Blindlings rüttelte sie an der Autotür, bis ihre Tochter sich hinüberbeugte und sie für sie öffnete.

Klara stürzte davon.

Der Anblick war ein Schock.

Christine lag bewusstlos auf der Rückbank. Der Inhalt des Erste-Hilfe-Kastens verstreut neben ihr. Ihr gelbes Kleid war hochgeschoben, überall Blut. Unter ihren Händen lag ein winziges Neugeborenes auf ihrer Brust. Ein Baby, das viel zu früh zur Welt gekommen war.

Klara streckte ängstlich die Hand nach ihm aus.

Ist es tot? Sie wagte kaum zu atmen.

„Es lebt“, flüsterte sie, als sie es berührte. Christines Brust hob und senkte sich leicht. „Sie leben beide.“ Tränen der Erleichterung schossen ihr in die Augen.

„Was ist das da unten im Fußraum?“, fragte ihre Tochter, die hinter ihr stand.

„Oh, Gott! Das ist das andere Baby, ich kann es nicht fassen!“ Klara weinte und nahm das Kindchen vorsichtig hoch. „Sie hat beide ganz alleine zur Welt gebracht.“

„Zwillinge, du hast mir nicht erzählt, dass sie mit Zwillingen schwanger war.“

„Das ist doch jetzt nicht wichtig“, rief Klara außer sich. „Schnell, ruf den Notfall an! Wir brauchen sofort Hilfe!“ Sie war überfordert, hilflos beim Anblick der nackten Winzlinge, die sich kaum rührten.

Viola rannte zu ihrem Auto und kramte in der Badetasche, die sie stets mit sich führte. Mit einem Handtuch kam sie zurück.

„Gib es mir“, sagte sie, und Klara legte ihr das Baby behutsam in die Arme.

Von der Rückbank erklang ein leises Stöhnen.

„Alles gut“, sagte Klara und strich Christine über die kalte Wange. „Gleich, gleich kommt Hilfe.“

Sie drehte sich nach ihrer Tochter um, die hingerissen das Baby wiegte.

„Leg das Kind auf den Vordersitz und ruf endlich an!“

„Nein, das werde ich nicht tun.“

„Was? Was hast du gesagt?“ Klara war kurz davor durchzudrehen.

„Das kannst du machen, wenn ich fort bin. Mit dem Baby.“

Klara versuchte irgendwie zu begreifen, was ihre Tochter gesagt hatte. Es gelang ihr nicht.

„Mit dem Baby? Was meinst du? Wohin?“

Viola sah sie an, und Klara schreckte zurück. Es war der Blick einer Fremden. Einer zu allem entschlossenen Frau.

„Sie hat zwei Kinder geboren. Und ich habe zwei Kinder verloren. Das hier ist Schicksal, verstehst du das denn nicht? Gerechtigkeit, wenn nun jede von uns ein Baby hat.“

Klara schnappte nach Luft. „Hast du den Verstand verloren? Gib mir das Kind!“

Viola machte zwei Schritte zurück. „Nein! Das ist meine Tochter, und niemand wird sie mir wegnehmen. Auch du nicht!“

„Viola, bitte! Komm doch zur Vernunft!“

Noch zwei Schritte rückwärts.

„Man wird glauben, dass das Kind von einem wilden Tier verschleppt worden ist. Es gibt hier viele

Fleischfresser in der Gegend. Sie stehlen Hühner und Lämmer, warum nicht auch ein Neugeborenes?“

Bitte, bitte, lass sie das nicht wirklich tun! Klara weinte, ging langsam, mit ausgestreckten Händen auf sie zu. Doch bei jedem Schritt, den sie machte, wich auch Viola zurück. Sie war schon fast bei ihrem Auto.

„Mama, du weißt nicht, was ich durchgemacht habe. Ich habe gelitten wie ein Tier! Und wenn du mich auch nur ein klein wenig liebst, wenn ich dir auch nur das Geringste bedeute, dann lässt du mich jetzt gehen. Sag einfach, dass nur noch ein Kind da war, als du sie gefunden hast.“

Viola öffnete die Wagentür und legte das Baby behutsam auf den Sitz.

„Es wird ihr gutgehen, Mama! Das verspreche ich. Wir werden glücklich sein, meine Tochter und ich.“

Klara konnte sich nicht rühren. Konnte es nicht begreifen. Das war doch ihr Kind, ihre einzige Tochter, die Unfassbares tun wollte.

„Viola, nein.“ Sie streckte die Hände nach ihr aus. „Ich flehe dich an, tu das nicht!“

„Ich liebe dich, Mama“, sagte Viola lächelnd. Strahlend vor Glück stieg sie ein, startete den Motor und fuhr davon.

Sie sah Viola nie wieder.

Wie lange sie wie betäubt im schwächer werdenden Sonnenlicht gestanden hatte, wusste Klara nicht. Sie kam halbwegs zu sich, als hinter ihr ein Auto anhielt. Ein älteres Ehepaar eilte zu Hilfe, telefonierte und bombardierte sie mit Fragen in einer Sprache, die Klara nicht verstand.

Wie in einem bizarren Traum fand sie sich in einer Klinik wieder, hörte einem Arzt zu, der ihr versicherte, dass es Christine und dem Baby den Umständen entsprechend gut gehe. Redete wie in Trance mit einem Polizisten, der einigermaßen Deutsch konnte.

Und sie schwieg. Klara konnte niemandem erzählen, was für ein Verbrechen ihre Tochter begangen hatte.

Nach ein paar Wochen wurde die Suche nach dem Baby eingestellt. Christine konnte das nicht akzeptieren, sie war wie besessen. War sich sicher, dass ihre Tochter noch am Leben war. Bis ihre Depressionen sie in die Dunkelheit zerrten.

Gregor Tauben wollte nie wieder über das verlorene Kind sprechen. Er redete sich ein, dass es so das Beste war, damit Christine darüber hinwegkäme. Nur so mit dem Verlust abschließen können.

Und Klara trug schweigend die schwere Last der Sünde ihrer Tochter.

An Josys Seite, hoffend auf ein Wunder, das die Vergangenheit ungeschehen machte.

Eine Wiedergutmachung.

Klara kroch mit letzter Kraft über die Schwelle in das Wohnzimmer.

Man hätte sie noch finden können, wenn ich damals geredet hätte!

Wie oft hatte sie sich das vorgeworfen, aber das spielte keine Rolle mehr. Jemand musste Josy finden und sie aufhalten.

Klara hob den Kopf. Über ihr ragte die Tischkante. Irgendwo da oben lag das Telefon.

Unerreichbar.

Josy

Josy träumte, strampelte heftig mit den Beinen und stieß die Wasserflasche um. Sie rollte über den schmutzigen Boden. Fast lautlos, aber Josy wurde davon wach.

Jedes Geräusch war wichtig. Konnte bedeuten, dass Hilfe kam. Oder, dass sie zurückgekommen war.

Josy öffnete die Augen und tastete in völliger Dunkelheit nach der Taschenlampe, die sie ihr dagelassen hatte. Nach einem Tag und einer endlos langen Nacht in völliger Finsternis. Allein mit dem Entsetzen und der Fassungslosigkeit. Mit dem Schmerz am Hinterkopf, der von dem Schlag herrührte, der Josy wie ein Blitz aus dem Nichts getroffen hatte.

Als sie wieder zu sich gekommen war, hatte es lange gedauert, bis sie begriffen hatte, wo sie sich befand.

In einem der Tanks. Eingesperrt. Die Hände und Füße mit Kabelbindern verschnürt.

Josy hatte um Hilfe geschrien, stundenlang, bis nur noch ein raues Krächzen aus ihrem Mund kam.

Doch niemand hörte sie in der verlassenen Fabrikhalle.

Warum tut sie mir das an? Warum nur? Eine endlose Gedankenspirale, die Josy fast in den Wahnsinn trieb.

Hätte ich etwas ahnen können? Erkennen müssen, dass etwas mit ihr nicht stimmt?

Ihre Begegnung an der Strandpromenade war ein Schock gewesen. In einem chaotischen Gefühlssturm waren sie einander gegenübergestanden und hatten sich angestarrt.

Als blickten sie in einen Spiegel.

Es gab keinen Zweifel. Sie waren sich nicht einfach nur ähnlich. Nichts, abgesehen von Alines kurzen Haaren, unterschied sie voneinander.

Ohne ein Wort zu sagen, hatten sie sich schließlich auf eine Bank gesetzt. Inmitten der Touristen eine neue Welt betreten, in der es sie doppelt gab.

„Das kann eigentlich nicht sein, aber du bist meine Schwester“, hatte Aline gesagt.

„Wie ist das möglich?“ Josy konnte es nicht begreifen. Eine Schwester!

Sie hatten sich langsam vorgetastet, geredet und versucht, das Rätsel zu lösen. Aline wusste nur, dass man sie am Straßenrand zurückgelassen hatte. Sie stellte unendlich viele Fragen, die Josy nicht beantworten konnte. Doch Josy brannte darauf, ihre Schwester kennenzulernen, wollte sie nicht mehr aus den Augen lassen und schmuggelte Aline in ihr Hotelzimmer. Keine Minute wollte Josy mehr ohne sie verbringen.

Sie beschlossen, dass sie vorerst niemanden etwas sagen wollten. Denn irgendjemand hatte sie jahrelang belogen. Ihre Mutter? Ihr Vater? Obwohl Josy das nicht glauben wollte, brach ihr bei dem Gedanken das Herz, dass man ihre Schwester einfach ausgesetzt hatte.

Aline erzählte nicht viel von sich, wich bei konkreten Fragen aus, und Josy konnte nur ahnen, was für eine schreckliche Kindheit hinter ihr lag. Sätze wie:

„An kurzen Haaren kann dich niemand durch die Gegend zerren“, sagte sie nebenbei. Blockte ab, wenn ihre Schwester tiefer bohrte.

Josy ließ sich von Aline noch am Abend die Haare schneiden, sie wünschte sich, dass es von nun an nur noch Gemeinsamkeiten gebe. Als sie sich am anderen Morgen von ihren Freundinnen verabschiedete, kam die Vermutung auf, dass ein geheimnisvoller Mann dahintersteckte. So verschwiegen, wie Josy auf Fragen reagierte, und dann auch noch eine neue Frisur. Da konnte in ihren Augen nur eine neue Liebe im Spiel sein.

Ja, es war Liebe, was in Josy aufkeimte. Für ihre Schwester, die ihr gleichzeitig so fremd und doch so vertraut war. Josy wollte eine Wiedergutmachung für das, was mit Aline geschehen war.

Aline konnte gar nicht aufhören, ihr Fragen zu stellen. Wollte alles über die Familie wissen. Jedes noch so kleine Detail über Josys Leben, ihre Freunde, die Fabriken, ihre Zukunftspläne.

„Du wirst geliebt.“ Alines Stimme hatte verbittert geklungen.

„Das wirst du auch“, hatte Josy gesagt und sie an sich gedrückt. „Wir fahren nach Hause, in *unser* Zuhause. Jetzt beginnt eine neue Zukunft für uns beide.“

Für uns beide! Wie konnte ich mich nur so in ihr täuschen, dachte Josy immer noch fassungslos.

Keine Sekunde war sie misstrauisch gewesen, als Aline vom Bahnhof erst in die alte, inzwischen abbruchreife Fabrik wollte.

„Ich will den Anfang der Geschichte sehen. Den Ort, wo unser Großvater den Grundstein für die Firma gelegt und alles aufgebaut hat.“

Josy war das zwar etwas seltsam vorgekommen, aber vielleicht brauchte Aline noch einen Aufschub. Vielleicht hatte Aline genauso viel Angst vor der Begegnung mit ihrem Vater wie sie. Vor dem, was nun ans Tageslicht kommen würde.

Josy griff nach der Wasserflasche. Es war nicht mehr viel drin. Mühselig schraubte sie den Deckel ab. Es war schwierig, mit den geschwollenen Fingern und der Fessel um die Handgelenke. Aber inzwischen hatte sie es gelernt. Die Haut war vom Kabelbinder aufgescheuert und brannte. Doch das war nichts gegen das Leid, mit dem sie nun leben musste.

Finn, Marie und ihren Vater.

Aline tötete jeden, der Josy etwas bedeutete. Josy hatte auf sie eingeredet, versucht, sie aufzuhalten. Geweint und gebettelt, wenn Aline ihr Wasser und ein paar Kekse brachte. Und wie nebenbei davon redete, was sie getan hatte und dass nun bald alles Ordnung sei. So, wie es sein sollte. Und plötzlich hatte Josy erkannt, was ihre Schwester vorhatte.

Aline wollte ihren Platz einnehmen. Die Vergangenheit vollständig ausradieren.

Und ich habe ihr sogar dabei geholfen! Ich habe ihr alle Fragen beantwortet, jedes Detail erzählt, die ganzen Fotos auf meinem Handy gezeigt, und nur so konnte sie meine Rolle spielen, dachte Josy und fühlte sich unendlich müde. Es gibt niemanden mehr, der misstrauisch werden könnte. Wie viel Zeit bleibt mir noch? Wann bin ich an der Reihe?

Sie versuchte, gegen die Schwere in ihren Gliedern anzukämpfen. Josy wusste, dass Aline ihr Tabletten ins Wasser mischte. Der Bodensatz war im Schein der Taschenlampe gut zu erkennen, doch sie musste es trinken, wenn sie nicht verdursten wollte.

Ihre Blase drückte, und Josy blickte zu dem Eimer, in den sie mit unglaublichen Verrenkungen ihre Notdurft verrichten musste. Beim ersten Mal hatte sie den Kübel umgeworfen. Nun hatte sie auch das gelernt, den Ekel überwunden, und den Geruch nahm sie nicht mehr wahr.

Später, dachte sie schlaftrunken.

Auf eine verrückte Weise war Josy dankbar für das Schlafmittel, das sie gezwungenermaßen zu sich nahm. Für kurze Zeit nicht mehr denken zu müssen, den Schmerz, die Verzweiflung und Angst nicht mehr zu spüren, fühlte sich wie eine Erlösung an.

Josy knipste die Taschenlampe aus und rollte sich zusammen.

Aline

Sie saß mit angezogenen Beinen in einer Ecke, ihr Blick schweifte durch die triste Halle. Leer und verlassen. Nutzlos und kurz davor, endgültig aus dem Weg geräumt zu werden.

Wie ein Sinnbild meines Lebens, dachte Aline. Der Zorn wallte wieder in ihr hoch. Brennend und alles verschlingend.

Sie sah hinüber zu den Tanks, die schon bald eine Baggerschaufel zertrümmern würde.

Da drin ist sie seit einer Woche. Josy, mein Spiegelbild.

Aline hatte sie vom ersten Moment an gehasst. Als sie Josy ins Gesicht geblickt hatte, fühlte es sich an, als würde ihr ganzes Wesen in scharfkantige Stücke zerbrechen.

Denn Josy, ihre Schwester, war das, was aus ihr hätte werden sollen. Eine junge Frau, blühend vor Leben. Die unbekümmert in die Welt lächelte, so, wie sie es nie gekonnt hatte.

Wohlbehütet aufgewachsen, geliebt und mit einem Urvertrauen gestärkt. Und keine Ahnung davon, wie grausam das Leben sein konnte. Wie es war, wenn man in ständiger Angst lebte. Und die Konsequenzen tragen musste.

Josy, das Glückskind, das ihr ein Leben gestohlen hatte, wie es ihr zugestanden hätte.

Weil es nur Platz für eine von uns gab, hatte Aline damals noch geglaubt. Warum sonst hätte man mich am Straßenrand liegen lassen. Eine von uns war zu viel.

Wie hat sich unsere Mutter zwischen uns beiden entschieden? Sich die Augen zugehalten? Gewürfelt? Oder war es das Schicksal, das wie eine böse Hexe mit spitzem Finger auf mich gezeigt hat?

Darüber hatte Aline die ganze Zeit gegrübelt, die sie mit Josy im Hotelzimmer verbracht hatte. Sich mit diesen Fragen gequält.

Eine ganze Woche lang, aber kein Wort gesagt. Josy hatte nicht glauben wollen, dass ihre Mutter so etwas getan hatte. Doch sie konnten sie nicht mehr fragen, ihr nicht mehr in die Augen sehen. Josy suchte nach Erklärungen, die sich für Aline vollkommen absurd anhörten. Entschuldigungen! Das Glückskind war unfähig, sich vorzustellen, zu welchen Taten Menschen fähig sein konnten.

Aline musste sich beherrschen. Sie hätte Josy am liebsten gepackt, geschüttelt und geohrfeigt für ihre Naivität, ihre Dummheit. Aber sie schwieg. Bedankte sich für die Kleider und Schuhe, die Josy großzügig mit ihr teilte. Almosen!

Aline beobachtete ihre Schwester. Sog jede Geste, jede Regung, die Art, wie sie sprach und gestikulierte, in sich auf. Trainierte sich den letzten Rest ihres Akzents ab. Es gab kaum einen Unterschied zwischen ihnen. Wenn sie nebeneinander im Bad standen, drückten sie die gleiche Menge Zahnpasta auf die Bürsten, schrubbten fast synchron die Zähne, während zwei grüne Augenpaare im Spiegel fasziniert zusahen.

„Fast ein wenig unheimlich“, hatte Josy genuschelt. „Ich muss mich erst daran gewöhnen.“

Ja, es war irritierend, seltsam, aber das würde nicht lange so bleiben.

Du hast deine Zeit gehabt, hatte Aline gedacht. Jetzt bin ich dran. Ich werde mir nehmen, was mir zusteht. Ich. Bin. Du.

Es ist Zeit für eine Wiedergutmachung.

Aline fixierte die Kanister. Nun gab es kein Zurück mehr, dafür war sie schon viel zu weit gegangen. Klaras Gestammel, ihre Beichte, würde nichts mehr ändern.

Und war das überhaupt die Wahrheit? Hatte Viola sie tatsächlich als Baby gestohlen, wie ein Spielzeug aus einem Laden?

Aline sprang auf und lief zu den Tanks. Umkreiste sie. Wieder und wieder und wieder. Jeder einzelne Gedanke war eine Qual, ein Stich ins Herz – und schürte ihren Hass.

Wenn das wirklich wahr ist und alle Klaras Geschichte geglaubt haben, warum haben sie nicht wenigstens nach meinen Knochen gesucht? Oder sie hätten ein Foto von Josy machen können, es an den Straßenpfosten befestigen. So wie man es bei Unfallopfern macht. Und in Zeitungen veröffentlichen. Jemand hätte es vielleicht gesehen, und man hätte mich noch finden können. Aber sie haben einfach aufgegeben! Weil ich ihnen nichts bedeutet habe, denn sie hatten ja noch meine Schwester! Ich habe nie jemandem etwas bedeutet. Keiner hat sich um mich geschert. Auch Viola nicht. Geduckt hat sie sich, weggeschaut bei jeder

Grausamkeit, die Eduard mir angetan hat. Ich war noch ein Kind! Ein Kind, verflucht! Alle haben zugelassen, dass ich in einer Hölle leben musste.

Schweißgebadet rannte Aline zu den Benzinkanistern. Sie schraubte einen der Deckel ab und rannte brüllend durch die Halle. Verschüttete das Benzin in weiten Bögen. Als der Kanister leer war, trat sie danach, und er landete laut scheppernd in einer Ecke.

„Klara!“ Aline schrie vor Zorn.

„Du elendes Miststück! Was hast du mir angetan! Wie konntest du so etwas zulassen! Aber du wirst büßen. Ich hoffe, du bist noch am Leben. Ich bete dafür. Du wirst durch die Hölle gehen. DIE KONSEQUENZEN TRAGEN!“

Aline taumelte blind vor Tränen durch die Halle, holte den nächsten Kanister und schüttete den Inhalt an die Außenwände der Silos.

Leer! Wie von Sinnen trat sie darauf ein.

Hetzte zurück, holte den letzten Kanister und kippte das Benzin über die Holzpaletten und Zeitungsstapel.

Nach Atem ringend ließ die den geleerten Kanister fallen. Kraftlos, als hätte ihr die Wut alle Lebensenergie geraubt.

Aber es gab noch etwas zu tun.

Aline griff in ihre Jackentasche.

Leer.

Auch in den anderen Taschen konnte sie das Feuerzeug nicht finden. Es musste herausgefallen sein, als sie die Kanister aus dem Kofferraum geladen hatte.

„Nein! Nein! Nein!“

Wutentbrannt rannte sie los.

Melly

Melly stockte der Atem, als sie die wütenden Schreie hörte. Ein Toben und Kreischen, und obwohl ihr die Stimme bekannt vorkam, das konnte unmöglich Josy sein.

Etwas Schweres knallte außen an den Tank, und Melly blieb fast das Herz stehen. Die Wand erzitterte, ein lautes Dröhnen zerriss die Stille und hallte in der Dunkelheit. Breitete sich in Wellen aus.

Jetzt sind sie wach! Jetzt kommen die Monster und holen mich.

In Panik hämmerte Melly auf die Tür ein.

„Josy! Josy! Lass mich raus! Bitte! Bitte! Lass mich raus!“

Wer bist du

Es war unerträglich. Nicht mehr auszuhalten!

Die Gräfin saß kerzengerade auf ihrer Matratze und hielt sich die Ohren zu.

Wieder dieses Geschrei. So schlimm war es noch nie gewesen. Als würde man jemanden foltern. Eine Frau! Und jetzt noch ein lautes Scheppern und Poltern. Was ging da vor?

Sie gab sich einen Ruck. Bis jetzt hatte sie sich noch nie getraut nachzusehen. Der Sache auf den Grund zu gehen. Denn was immer da los war, was hätte sie schon ausrichten können?

Nichts. Gar nichts!

Doch jetzt war sie nicht mehr allein. Sie konnte ihren netten Zimmernachbarn um Hilfe bitten. Mads würde sich darum kümmern. Sie nahm ihre Taschenlampe, öffnete vorsichtig die Tür einen Spalt und spähte in den Flur. Man konnte nie wissen. Aber außer den wohlvertrauten Schatten war nichts zu sehen.

Sie huschte zwei Schritte durch den Flur und klopfte zaghaft.

„Hallo?“, flüsterte sie. „Ich hoffe, ich störe Sie nicht allzu sehr, aber könnten Sie bitte mal nachschauen, was da unten los ist?“

Sie legte ein Ohr an die Tür und lauschte. Mads schnarchte laut.

Herrje, er schläft tief und fest. Aber kein Wunder, nach all der Aufregung. Vielleicht sollte ich ihn schlafen lassen und wieder ins Bett gehen. Die Gräfin verharrte unentschlossen.

Inzwischen hatte das Geschrei ja aufgehört, und sie wollte sich gerade davonschleichen, als sie ein dumpfes Hämmern hörte. Als klopfe jemand auf Metall.

Anscheinend würde der Lärm heute die ganze Nacht andauern.

Da wird mir wohl nichts übrigbleiben, ich glaube, ich sollte ihn wecken. Tief seufzend öffnete sie Tür und leuchtete ins Zimmer.

Mads lag auf dem Rücken auf ihrem Pelzmantel und schnarchte mit offenem Mund. Sein Gesicht wirkte alt und eingefallen, er sah aus wie ein Greis.

Sie ging zu ihm und rüttelte ihn sanft an der Schulter.

Mads schrak hoch und starrte sie mit trüben Augen an.

„Was? Was? Wo?“

Die Gräfin hatte ihn aus dem Tiefschlaf gerissen. Aus einem Traum, in dem er auf dem Weg Richtung Süden war. Alleine, und das schmerzliche Gefühl völliger Einsamkeit hallte in ihm nach.

„Bitte entschuldigen Sie“, sagte die Gräfin und trat einen Schritt zurück. „Aber ich konnte es nicht mehr aushalten.“

Mads fuhr sich über die Augen. „Schon in Ordnung. Was ist denn los?“

„Hören Sie das nicht?“

Mads spitzte die Ohren. Außer seinen eigenen schweren Atemzügen war es still. „Nein, ich höre nichts.“

„Das Geschrei hat aufgehört, aber da ist immer noch dieses Hämmern. Moment. Jetzt! Da, da ist es wieder!“

Nun hörte Mads es auch. Es schien aus der Halle nebenan zu kommen. „Vielleicht ein paar Jugendliche, die sich da herumtreiben?“

Er hoffte, das würde die Gräfin beruhigen, er war sterbensmüde, kaum fähig zu denken.

Die Gräfin schüttelte den Kopf. „Nein, ich glaube nicht, dass das Jugendliche sind. Sie haben das ja nicht mitbekommen, was sich seit ein paar Nächten hier abspielt. Dieses Geschrei, mein Gott! Aber vorhin …“, sie senkte die Stimme, „… vorhin war es einfach entsetzlich. Ich wage es kaum auszusprechen, aber ich glaube, da wird einer Frau etwas Schlimmes angetan.“

Mads wusste nicht, was er davon halten sollte. Alles nur Einbildung? So, wie sie sich einbildete, dass diese Ruine ein Hotel war?

Sie sieht völlig verängstigt aus, dachte er. Ich werde wohl keine Ruhe haben, bevor ich nachgeschaut habe.

Er schlug die Decke zurück und angelte nach seinen Schuhen.

„Dann gehen wir der Sache wohl besser auf den Grund“, sagte er und wurde mit einem erleichterten Lächeln belohnt.

Gemeinsam staksten sie nach unten.

„Und wohin jetzt?“, fragte Mads. Das Hämmern war verstummt.

Die Gräfin ließ den Strahl der Taschenlampe durch den Eingangsbereich gleiten.

Produktion.

Die Schrift auf der Tür war kaum mehr lesbar.

„Vielleicht da lang?“, sagte sie zweifelnd.

„Da lang“, erwiderte Mads und öffnete die Tür.

Wieso nicht, dachte er. Aber dann bitte zurück ins Bett!

Sie liefen durch einen kurzen, fensterlosen Gang, an dessen Ende sich eine weitere Tür befand.

„Riechen Sie das auch?“, fragte die Gräfin.

„Ja, hier stinkt es nach Benzin.“ Ihm wurde mulmig zumute. Vielleicht doch ein paar bekiffte Jugendliche? Die in ihrem Übermut Feuer legen wollten? Das ganze Gebäude abfackeln? Alles schon da gewesen!

Mads war sich nicht sicher, ob er noch so viel Kraft hatte, um sich mit ihnen anzulegen.

Trotzdem schob er die Tür auf.

Vor ihnen zeichnete sich ein trauriges Bild ab. Eine Halle, leer bis auf etwas Gerümpel. In der Mitte drei große Tanks, in denen früher Gott weiß was aufbewahrt worden war. Knapp drei Meter im Durchmesser und etwa vier Meter hoch standen sie wie Götzenmale im leeren Raum. Bedrohlich wirkende Mahnmale.

Doch was Mads am meisten verstörte, war der Scheinwerfer in der Ecke. Völlig deplatziert beleuchtete er die unwirkliche Szenerie.

„Hat es reingeregnet?“ fragte die Gräfin und deutete nach oben, wo in den zersprungenen Oberlichtern ein paar Löcher gähnten.

„Nein.“ Mads schüttelte den Kopf. „Das ist kein Regenwasser. Das ist Benzin.“

„Jemand hat hier drin Benzin ausgeschüttet? Meine Güte! Aber wozu?“

Ja, wozu. Das wissen wohl nur die Götter oder die kranken Hirne, die das getan haben, dachte Mads beunruhigt.

„Ich glaube, wir sollten verschwinden. Möglichst schnell."

„Aber die Frau?", erwiderte die Gräfin.

„Hier ist keine Frau. Hier ist niemand. Noch nicht, und es ist wohl besser, wenn wir nicht warten, bis sich das ändert."

Gerade, als Mads sich umdrehen und davonmachen wollte, begann es wieder.

Das Hämmern. Und sie hörten eine klägliche Stimme. Sie klang verzweifelt. Hohl, wie aus den Tiefen einer Höhle.

„Da!", rief die Gräfin und fuchtelte aufgeregt mit den Händen. „Das kommt von da!"

Verflucht! Aus einem der Tanks! Mads eilte darauf zu und presste ein Ohr an die Wand. „Hallo? Hallo, ist da jemand drin?"

„Ja ich! Melly ist hier drin! Lass mich raus! Bitte lass mich raus!"

Es war ein verzweifeltes Heulen, kaum verständlich. Mads bückte sich, drehte das Rad, mit dem das Schlupfloch verschlossen war, und zog die Luke auf.

Ein Mädchen purzelte heraus. Schluchzend, das Gesicht verquollen und gerötet. Die Haare zerzaust, als wäre sie in einen Sturm geraten.

„Sie hat mich eingesperrt! Eingesperrt bei den Monstern! So lange, ich war so lange da drin, und ich hatte solche Angst!" Weinend klammerte sie sich an die Gräfin, die ihr tröstend über die Haare strich.

„Ganz ruhig, ganz ruhig, mein Kind. Du musst keine Angst mehr haben, jetzt bist du in Sicherheit. Wie heißt du denn, mein Kleines?“

„Melly. Ich bin Melly.“ Es war nur ein Schniefen. Mads schnappte nach Luft, als er sie erkannte. Schon einmal hatte er sie in einem jämmerlichen Zustand gesehen. Doch nun war sie völlig aufgelöst, ein Häufchen Elend.

„Melly?“ Wie ist sie nur hierhergekommen? Und wer in drei Teufelsnamen hat ihr das angetan?

Melly rieb sich mit den Fäusten die Tränen aus den Augen und sah ihn an. „Du? Du bist das! Ich kenne dich, du hast Finn besucht!“

„Ja, ich bin das. Hallo, Melly.“ Mads versuchte, ein Lächeln zustande zu bringen. Er kam sich vor wie eine Schachfigur, die von einem hämisch grinsenden Spieler von einem Schlamassel in den nächsten geschoben wurde.

Die Gräfin reichte Melly ein Taschentuch. „Kind, wie bist du nur in diesem Ding gelandet?“

Melly schnäuzte sich geräuschvoll. „Das war Josy. Josy hat mich da reingeschubst und die Tür zugemacht. Ich konnte nicht mehr raus. Und ich musste still sein, weil sonst die Monster wach werden. Aber …“ Mit gekrauster Stirn musterte sie die offene Luke. „Ich glaube, da drin sind gar keine Monster. Josy hat mich angelogen.“

Ihr Gesicht verzog sich vor Kummer.

„Josy? Ist das nicht deine Freundin, von der du mir erzählt hast? Die, die nicht mehr mit dir reden wollte?“, fragte Mads.

„Ich glaube, sie ist böse geworden. Ich glaube, sie hat auch etwas Schlimmes getan. Mit Klara.“

Die Gräfin öffnete den Mund, wollte Fragen stellen, aber Mads hielt sie mit einem Kopfschütteln davon ab. „Ich denke, wir sollten jetzt wirklich von hier verschwinden. Du kannst uns unterwegs alles erzählen. Und wir müssen die Polizei darüber informieren, was dir passiert ist. Das war nicht einfach nur ein dummer Streich.“

„Niemand geht irgendwo hin.“

Sie wirbelten herum.

„Josy!“, rief Melly. „Du kommst mich holen. Ich wusste es.“

Das also ist Josy, dachte Mads. Sie wirkt nicht besonders nett mit der Eisenstange und dem Feuerzeug in den Händen. Was zum Teufel hat sie vor?

„Tut mir leid, Melly. Du musst hierbleiben. Und ihr beide solltet gar nicht hier sein, aber es ist leider nicht zu ändern. Ich kann nicht zulassen, dass ihr geht.“

„Junge Frau, was reden Sie denn da?“, rief die Gräfin empört. „Wir lassen uns doch von Ihnen nichts vorschreiben.“ Sie nahm Mellys Hand. „Komm, mein Kind, wir gehen jetzt. Es ist mitten in der Nacht, und du gehörst ins Bett.“

„Ich habe nein gesagt.“

Mads machte zwei Schritte auf sie zu.

„Josy“, sagte er und hob die Hände. „Das ist doch dein Name, richtig? Also, ich habe keine Ahnung, um was es hier eigentlich geht, aber wir haben nichts damit zu tun.“ Nervös blickte er auf die Hand, in der sie das Feuerzeug hielt.

Ein Zucken ihres Fingers, und sie würden sich in der Hölle wiederfinden.

„Also bitte, lass uns vorbei.“

Ihr Gesicht war kalkweiß, die grünen Augen leuchteten kalt wie Edelsteine.

Das Mädchen ist nicht bei Verstand!

So viel konnte er noch denken, bevor die Eisenstange auf seinen Kopf krachte. Er hatte sich so auf ihr Gesicht konzentriert, während er sich ihr genähert hatte, so darauf geachtet, freundlich und unbefangen zu wirken, dass ihn der Schlag wie aus dem Nichts traf.

Mads ging in die Knie, Blut lief ihm übers Gesicht, und er hörte Melly und die Gräfin schreien. Als er in der Benzinlache landete, wurde es still.

Stimmen! Da ist jemand! Josy kämpfte sich aus ihrem Dämmerschlaf.

„Josy! Was hast du gemacht! Das ist böse!"

Das ist doch Melly!

Benommen rappelte sie sich auf. Die Dunkelheit packte sie, drehte sie im Kreis, und torkelnd prallte sie gegen die Wand.

„Melly!" Ihre Kehle war so ausgetrocknet, dass sie husten musste.

Sie ging auf die Knie und tastete nach der Taschenlampe. Sie stieß an den Eimer, der bedrohlich zu wackeln begann.

Wo, wo, wo ist das verfluchte Ding? Endlich konnte sie die Lampe ertasten und knipste sie an.

Josy hatte das Gefühl, noch immer halb betäubt zwischen Schlafen und Wachen zu driften. In der Halle war wieder lautes Weinen zu hören, und sie kroch zu der Luke.

Mit aller Kraft schlug sie mit der Taschenlampe dagegen.

Lieber Gott, hilf mir jetzt!

Melly kauerte neben Mads und stupste ihm auf die Brust. „Wach auf, bitte wach doch auf!“

Mads öffnete stöhnend die Augen, und Melly half ihm, sich aufzusetzen.

„Verflucht“, grunzte er. „Will mich eigentlich jeder in dieser Stadt umbringen?“

Melly drückte ihr Taschentuch auf die blutende Wunde an seiner Stirn und funkelte Josy böse an.

„Warum machst du so was? Der hat dir doch nichts getan! Das ist nicht richtig.“

„Das musst du nicht verstehen“, sagte Aline und trat zwei Schritte zurück.

„Hört doch! Da ist noch jemand“, rief die Gräfin aufgeregt und deutete auf den Tank.

„Was zur Hölle ist hier eigentlich los?“, fragte Mads und kam schwankend auf die Beine. „Wer ist da drin? Betreibst du hier einen privaten Knast?“

Er stellte sich breitbeinig vor Melly und die Gräfin. Sein Kopf schmerzte höllisch, das Blut lief ihm über die Wange, und vor seinen Augen flimmerte alles.

Aber sie würde ihn nicht noch mal überrumpeln. Er würde standhalten und diese Wahnsinnige aufhalten. Sie war einen Kopf kleiner, ein Federgewicht, und das wäre doch gelacht, wenn er sich noch mal von einem Mädchen k. o. schlagen lassen würde.

Er schnaubte wütend.

Wenn sie auch nur zuckt, Anstalten macht, das Feuerzeug zu benutzen, dann mach ich sie platt!

„Los, schaut nach, öffnet die Tür!“, rief er.

Melly und die Gräfin eilten zum Tank und drehten mit vereinten Kräften am Rad. Die Luke war noch nicht ganz offen, als sich ein Mädchen aus dem Spalt zwängte. Eine junge Frau, gefesselt an Händen und Füßen, die sich kaum auf den Beinen halten konnte.

Die Gräfin fing sie auf, als sie zu stürzen drohte.

„Aber … aber …“, stammelte Melly und rang nach Worten. „Wer bist denn du?“

Fassungslos flogen ihre Blicke zwischen dem Mädchen und Josy hin und her.

Das war alles falsch. Denn Josy war jetzt zweimal da. Das konnte doch aber nicht sein.

Himmel, dachte Mads. Kommt das von dem Schlag auf den Kopf? Sehe ich doppelt? Er hatte nur kurz hingeschaut, er konnte nicht riskieren, dass die Situation ausgenutzt wurde.

Die junge Frau weinte und lachte gleichzeitig. „Melly! Oh, Gott sei Dank, dir ist nichts passiert!“

Melly starrte sie prüfend an, das Gesicht verzerrt vor Konzentration. Dann strahlte sie wie eine kleine Sonne. „Du bist die richtige Josy. Du bist meine Josy.“

„Ja, ja, Melly, ich bin es.“

Melly schlang die Arme um sie, drückte sie an sich und küsste Josy auf die schmutzigen Wangen. Sie konnte gar nicht mehr aufhören.

„Dann ist das garstige Fräulein hier wohl deine Schwester“, sagte Mads. „Wie es aussieht, handelt es sich um eine Familienangelegenheit. Vielleicht könnten wir die Fehde friedlich regeln?“ Er streckte die Hand nach dem Feuerzeug aus.

„Aline, bitte“, flehte Josy.

„Deine Schwester ist böse“, flüsterte Melly ihr zu. „Sie hat Klara geschlagen.“

„Da drüben liegt Werkzeug“, sagte Aline und deutete mit dem Kinn Richtung Scheinwerfer. „Ihr könnt sie losmachen.“

Mads schöpfte Hoffnung, rührte sich jedoch nicht von der Stelle. Das war vielleicht nur ein Ablenkungsmanöver. Das Mädchen machte ganz und gar nicht den Eindruck, als hätte es seine Meinung geändert und sie könnten nun friedlich davonspazieren.

„Ich mache das“, rief die Gräfin, rannte los und kramte in einer staubigen Kiste. „Damit sollte es gehen!“ Sie hatte eine Zange gefunden.

Lieber Gott, ich danke dir, dachte Josy. Die Erleichterung fühlte sich an wie ein Bad im warmen Wasser. Aline kommt endlich zur Vernunft!

Meine Güte, dachte die Gräfin verstört, während sie sich abmühte, die Kabelbinder zu durchtrennen. Die Handgelenke waren geschwollen, die Haut aufgeschürft, und es war schwierig, sie nicht noch mehr zu verletzen. Josy gab einen Schmerzenslaut von sich, als die Klinge unter den Draht fuhr. Die Fußgelenke sahen nicht viel besser aus.

„Oh, Entschuldigung! Das tut mir schrecklich leid!“, rief die Gräfin aufgeregt, aber dann hatte sie es geschafft, und Josy rieb sich die Handgelenke.

„Gib mir jetzt doch bitte das Feuerzeug“, sagte Mads freundlich und streckte die Hand aus. „Damit sollte man hier drin nicht spielen.“

Aline trat ein paar Schritte zurück und lächelte. „Jetzt ist es perfekt“, sagte sie, und Mads spürte ein Kribbeln auf seiner Kopfhaut.

„*Ich* bin Josy. Aline wird hier drin leider mit euch einem Brand zum Opfer fallen.“

„Nein, du bist nicht Josy!“, brüllte Melly und stampfte wütend mit dem Fuß auf. „Du bist böse!“

„Mag sein.“ Noch zwei Schritte rückwärts. „Aber niemand außer euch weiß das.“

Himmel noch mal! Die will uns tatsächlich braten! Mads sprang auf sie zu, wollte ihr das Feuerzeug entreißen.

Doch Aline war schnell. Viel zu schnell für seine alten Beine.

Sie rannte zur Tür und bückte sich.

„Nein! Tu das nicht!“, brüllte Mads.

Aline sah ihn an. Für den Bruchteil einer Sekunde huschte ein Ausdruck des Bedauerns über ihr Gesicht.

Dann züngelten Flammen über den Boden. Schlängelten sich in rasender Geschwindigkeit kreuz und quer durch die Halle. Entzündeten die Papierstapel und fraßen sich krachend durch die vertrockneten Paletten.

„Zurück! Zurück!“, brüllte Mads und hüpfte ungelenk durch die Feuerlinien. Versuchte, den Flammen auszuweichen und sich gleichzeitig den Pullover über den Kopf zu ziehen, der sich bei seinem Sturz in die Lache mit Benzin getränkt hatte.

„Schnell! Schnell! Hierher!“, schrie die Gräfin und winkte ihm zu.

Sie war mit den Mädchen an das Ende der Halle geflüchtet. Hustend und mit Tränen in den Augen sahen sie sich panisch um.

Die Flammen versperrten den Weg zum Tor. Der lodernde Stapel mit den Paletten krachte in sich zusammen und landete als unüberwindlicher Scheiterhaufen vor der Tür, die zum Bürotrakt führte.

Verflucht! Wir werden hier draufgehen, dachte Mads verzweifelt. Warum habe ich denn nicht auf Bernadette gehört? Wir hätten abhauen sollen! Dämlicher alter Trottel!

Melly klammerte sich an Josy. „Josy, ich hab Angst! Sterben wir? Tut das weh, wenn man stirbt?“

Josy drückte sie und strich ihr über die Haare. Sie wusste nicht, was sie Melly antworten sollte. Denn alles wäre eine Lüge. Sie saßen in der Falle. Selbst wenn die Flammen sie verschonten, im giftigen Rauch würden sie ersticken.

Steht sie da draußen und sieht zu, wie wir verbrennen?

Ihr Verstand weigerte sich immer noch zu begreifen, dass es real war. Was immer man Aline angetan hatte, nichts konnte ihre Taten rechtfertigen. Sie waren doch Schwestern! Mehr als das! Zwillinge. Sie hätten eine gemeinsame Zukunft gehabt. Josy hätte alles für sie getan. Warum hatte Aline das nicht erkannt? Nicht gewollt?

„Aline!“, schrie Josy.

Dann brach sie hustend zusammen.

Ausgelöscht

Als Klara zu sich kam, lag sie auf einem Sofa im Wohnzimmer. Benommen blinzelte sie in das Morgenlicht, das durch die Fenster fiel. Ein Kribbeln wie von tausend Ameisen lief durch ihre Beine, und sie wackelte mit den Zehen.

Oh Gott, mein Rückgrat scheint doch nicht gebrochen zu sein!

Tränen der Erleichterung sammelten sich in ihren Augen.

„Du bist wach. Schön." Josy setzte sich zu ihr und lächelte sie an.

Wie sieht sie nur aus? Klara erschrak über den Anblick. Und sie stinkt. Nach Benzin!

„Josy? Kind, was ist mit dir?"

„Ich weiß, du hast tausend Fragen. Aber wir haben Zeit." Grob tätschelte sie Klaras Wange.

Büßen, du wirst büßen. Das hatte Josy gesagt, als sie sich wie eine Furie auf sie gestürzt hatte. Und Klara war bereit, das zu tun. Alles würde sie tun.

„Hast du dir inzwischen Gedanken gemacht über das, was ich dir erzählt habe?", tastete sie sich vor. „Deine Schwester? Dass wir sie vielleicht immer noch finden können?"

Josy lachte. „Das ist nicht nötig. Ich habe sie schon gefunden."

„Du … du hast sie gefunden? Wann …, und wie? Und warum hast du das niemanden erzählt! Wo ist sie?"

Josy nahm ihre Hand. Versonnen blickte sie in die Ferne.

„Meine Schwester ist nicht mehr da“, sagte sie leise. „Du musst wissen, Aline war ein sehr böses Mädchen. Das nicht einsehen wollte, dass alles Konsequenzen hat. Das musste sie endlich lernen. Die Vergangenheit ist ausgelöscht. Endlich ist nun alles so, wie es sein sollte.“

„Du bist nicht Josy, du bist ihre Schwester“, stammelte Klara, als plötzlich alles einen Sinn ergab. Eine Erklärung für das seltsame Verhalten nach ihrer Rückkehr aus dem Urlaub. Sie hatten sich alle täuschen lassen. Sich zu wenige Gedanken darüber gemacht, weshalb das Mädchen so wortkarg war und sich ständig verkrochen hatte.

Kaltes Grauen packte sie. „Was hast du Josy angetan?“

Aline schlug ihr ins Gesicht. „Sag das nie wieder, hörst du! Nie wieder. Ich, ich bin Josy! Aline gibt es nicht mehr. “

Klara war wie versteinert. Wo war ihre geliebte Josy? Irgendwo in Frankreich verscharrt? Ihre leibliche Tochter hatte sich von ihr abgewandt, war aus Klaras Leben verschwunden, als hätte es sie nie gegeben. Josy aufwachsen zu sehen, hatte den Schmerz gelindert. Nun war er wieder da, drohte ihr Herz endgültig zu brechen.

Das Läuten des Telefons hörte sich unwirklich an. Es war eigentlich unmöglich, dass die Welt sich einfach weiterdrehte.

„Bleib schön liegen“, sagte Aline und erhob sich.

Großer Gott, ich muss wissen, was mit Josy passiert ist! Um Klara drehte sich alles, als sie sich aufsetzte.

Aline gab am Telefon erschrockene Laute von sich, und Klara lauschte angestrengt.

Mit wem redet sie? Geht es um Josy?

Sie versuchte aufzustehen, aber ein heftiges Schwindelgefühl zwang sie zurück aufs Sofa.

Ein Brand in der alten Fabrik! Nicht mehr da, hat Aline gesagt! Klara begann zu wimmern.

„Du hast es bestimmt mitbekommen. Es hat heute Nacht in der Fabrik gebrannt, wahrscheinlich ein paar Jugendliche, die Unsinn getrieben haben“, sagte Aline, als sie zurückkam.

Sie wirkte so ruhig, so gelassen, dass Klara an ihrem eigenen Verstand zu zweifeln begann.

„Ich muss jetzt los. Feuerwehr, Polizei, Versicherung, du weißt schon. Bis jetzt sieht es so aus, als sei niemand zu Schaden gekommen. Die Fabrik stand doch leer. Oder etwa nicht?“

Eine säuerliche Flüssigkeit sammelte sich in Klaras Mund. Jeden Moment würde sie sich übergeben.

„Du wartest hier, ich bin schnell wieder zurück. Und dann kümmern wir uns um deine Verletzungen. Also bis nachher.“

Klara sah ihr nach. Einer fröhlich winkenden jungen Frau.

Ein Geschöpf aus einem Albtraum.

Aline parkte den Jaguar auf der gegenüberliegenden Straßenseite der Fabrik, die rauchend in Trümmern lag. Sie blieb noch einen Moment sitzen und strich mit den Fingern nachdenklich übers Lenkrad.

Das Auto meines Großvaters. Jetzt gehört es mir. Sie lächelte.

Als sie ausstieg, spiegelte sich Entsetzen auf ihrem Gesicht. Angemessen für das Unglück, das sich abgespielt hatte.

Es war ein Großeinsatz. Die Feuerwehr war noch immer damit beschäftigt, die letzten Glutnester zu beseitigen. Zwei Polizeiautos standen etwas abseits.

Ein Teil des eingestürzten Daches, das schräg wie eine überdimensionale Rutsche an einer Seitenwand klebte, wurde mit einer Baggerschaufel angehoben. Drei Feuerwehrleute zwängten sich darunter.

Irritiert bemerkte Aline den bereit stehenden Krankenwagen. Aus der Ferne näherte sich Sirenengeheul, und sie drehte sich um.

Ein weiterer Krankenwagen kam angerast.

Wäre nicht ein Leichenwagen angebracht? Sie kniff die Augen zusammen und wartete.

Dann sah sie das, was eigentlich unmöglich war.

Der alte Mann wurde herausgetragen. Sein Gesicht und die Kleidung geschwärzt vom Rauch, hing er als schlaffes Bündel in den Armen seiner Retter. Die Sanitäter eilten zu Hilfe und stülpten ihm eine Maske übers Gesicht. Hinter ihnen taumelte eine Frau ins Freie und wurde aufgefangen. Die Feuerwehrmänner verschwanden sofort wieder unter den Trümmern. Aline hielt den Atem an.

Als Nächstes wurde Melly herausgetragen.

„Josy ist noch da drin“, schrie sie und begann heftig zu husten.

Und da kam sie. Im Arm eines Sanitäters, eine Maske vor dem Gesicht, stolperte sie benommen ins Freie.

Josy. Das Glückskind.

Wieder hatte sich das Schicksal für ihre Schwester entschieden.

Josy würde zurück ins Leben finden. In eine Zukunft gehen, in der es Freunde gab und Liebe. Die Wunden würden heilen, nur ein paar Narben zurückbleiben. Die Erinnerung an ein verlorenes Kind.

Aline fühlte nichts mehr. Keinen Hass, keine Wut, nur eine vollkommene Leere. Als wäre nichts mehr von ihr übrig.

Wie ferngesteuert stieg sie in den Jaguar. Die Minuten verstrichen, während sie reglos dasaß. Das Sirenengeheul des Krankenwagens, der nah an ihr vorbeiraste, holte sie zurück in die Wirklichkeit.

Mit beiden Händen umklammerte sie das Lenkrad.

Konsequenzen.

Etwas gab es noch zu tun.

Aline drehte den Zündschlüssel und preschte davon.

Konsequenzen

Fabienne stand vor dem Spiegel und strich über die Schwellung unter ihrem Auge. Blauviolett. Bald würde sie einen gelblichen Farbton annehmen und in ein paar Tagen zurückgehen. Bis dahin musste sie eine Sonnenbrille tragen, wenn sie aus dem Haus ging.

Er hatte sie noch nie ins Gesicht geschlagen. Immer nur auf den Hinterkopf, wo es keine sichtbaren Spuren gab.

Doch diesmal hatte er völlig die Beherrschung verloren. Eduard hatte in blindem Zorn zugeschlagen und es sofort bereut. Das hatte sie ihm angesehen. Nicht, weil er sie geschlagen hatte, oh nein, denn das musste sein. Aber dass es jetzt Fragen geben könnte.

Sie würde eine Erklärung für die Leute finden, er konnte sich auf ihr Schweigen verlassen.

Denn ihre Scham überwog alle Demütigungen und Schmerzen.

Und Fabienne musste damit leben. Sie hatte ihren Mann und ihre Kinder für dieses Monster verlassen. Niemand hatte das verstanden, längst war es ihr selbst unbegreiflich. Doch sie konnte nicht mehr zurück. Ihr Mann würde ihr niemals verzeihen, und ihre Kinder wollten nichts mehr von ihr wissen. Sie hatte ihr Leben und das ihrer Familie zerstört. Und vielleicht war es deshalb nur gerecht, dass sie dafür büßen musste.

Fabienne ging in die Küche und schenkte sich ein Glas Wein ein. Eigentlich war es noch zu früh dafür, aber Eduard war nicht da, um es ihr zu verbieten. Er würde erst spät am Abend nach Hause kommen. Er traf sich mit seinen Freunden in seinem Stammlokal. Es gab anscheinend wieder viel zu besprechen. Obwohl er längst nicht mehr im Amt war, zog er im Hintergrund immer noch die Fäden. Wie ein Puppenspieler manipulierte er die Leute, um seine Ziele durchzusetzen.

Darin war er ein Meister. Und es gab nur wenige, die ihn durchschauten. Die sich nicht von seiner charmanten Art täuschen ließen.

Fabienne zuckte zusammen, als sie das Geräusch eines Motors hörte.

Kam er schon zurück? Das würde nichts Gutes bedeuten. Dann war davon auszugehen, dass jemand seine Pläne durchkreuzt hatte, ihm Paroli geboten.

Dass er wütend war!

Bitte lass es irgendjemand sein, dachte Fabienne nervös und griff nach ihrer Sonnenbrille. Sie wollte damit zur Tür gehen und nachschauen.

„Wegen mir brauchen Sie die nicht."

Fabienne stieß einen erschrockenen Schrei aus und fuhr herum.

In der offenen Tür zum Garten stand eine junge Frau und musterte sie mit einem wissenden Blick.

„Wer sind Sie? Was wollen Sie hier?", fragte Fabienne und setzte sich verlegen die Brille auf.

„Das ist nicht wichtig", antwortete Aline und betrat die Küche. „Dass ich sehr viel Zeit unten im Keller verbracht habe, ist alles, was Sie wissen müssen."

Der Keller. Fabienne starrte in ihre grünen Augen. Sie glänzten, wie hinter einem Tränenschleier.

„Gehen Sie, solange Sie es noch können", sagte Aline. „Wenn Sie nicht so enden wollen wie meine

Mutter, dann packen Sie jetzt ein paar Sachen und verschwinden."

„Du bist Aline!", rief Fabienne. „Seine Stieftochter."

„Ach, hat er von mir erzählt? Auch von meiner Mutter?"

„Ja, das hat er." Fabienne hatte Eduard damals jedes Wort geglaubt.

Dass er sich jahrelang für seine suchtkranke Frau aufgeopfert hatte. Seiner Stieftochter ein schönes Leben ermöglicht und für ein teures Internat bezahlt. Fabienne hatte ihm geglaubt.

Bis zu dem Moment, als sie Eduard zum ersten Mal wegen einer Nichtigkeit widersprochen hatte.

„Heute weiß ich, dass alles gelogen war. Dass es einen Grund gegeben hat, weshalb du versucht hast, ihn umzubringen."

„Hier, der Autoschlüssel", sagte Aline. „Nehmen Sie meinen Wagen. Ich brauche ihn nicht mehr."

Fabienne zögerte, die Furcht vor den Konsequenzen war ihr ständiger Begleiter geworden. Doch dann nahm sie den Schlüssel und rannte ins Schlafzimmer, um das Nötigste zu packen.

Sie wollte nicht wissen, was Aline vorhatte.

Sie würde gehen. Egal wohin.

Und nie wieder zurückkommen.

Stechende Kopfschmerzen rissen Eduard aus der Bewusstlosigkeit. Stöhnend setzte er sich auf.

Wo bin ich? Was zum Teufel ist passiert?

Es war stockdunkel, und er tastete mit den Händen über den Boden.

Beton.

Was zur Hölle? Er versuchte, sich zu erinnern.

Dann fiel es ihm ein. Er hatte einiges getrunken, eigentlich viel zu viel. Aber der Abend war erfolgreich verlaufen und musste gefeiert werden. Er hatte sich trotzdem hinters Steuer gesetzt und war nach Hause gefahren.

Dunkel. Es hatte kein Licht gebrannt, er hatte gedacht, dass Fabienne schon im Bett läge. Vergeblich hatte er auf den Lichtschalter gedrückt, der Strom war anscheinend ausgefallen. Und bei der Suche nach einer Taschenlampe, hatte er sich das Knie gestoßen.

Er hatte geflucht, so viel wusste er noch. Und dann?

Dann war etwas auf seinen Schädel geknallt.

Jemand hat mich niedergeschlagen!

Adrenalin schoss ihm durch den Körper, und er kam auf die Beine.

Aber wer? Fabienne kann das nicht gewesen sein. Das würde sie niemals wagen. Einbrecher! Ich bin von Einbrechern überrascht worden. Verdammt! Wozu haben wir eine teure Alarmanlage, wenn die dumme Gans es nicht schafft, sie einzuschalten?

Ihm wurde übel vor Wut und Kopfschmerzen. Mit ausgestreckten Armen tastete er sich durch die Finsternis. Als er eine Wand berührte, wurde ihm klar, wo er sich befand.

Im Keller. In seinem ganz speziellen Besinnungsraum. Er schob sich an der Wand entlang, bis er die Tür fand.

Abgeschlossen.

Er machte nicht den Versuch zu rufen. Eduard wusste, dass kein Laut aus diesem Raum dringen konnte. Er hatte selbst dafür gesorgt.

Es würde ihm nichts übrigbleiben, als zu warten, bis jemand nach ihm suchen würde. Fabienne? Vielleicht lag sie auch niedergeschlagen in einer Ecke.

Niedergeschlagen oder betrunken. Ihm war natürlich nicht entgangen, dass sie sich immer öfter ein Gläschen gönnte. Das konnte jetzt Stunden dauern.

„Verflucht!“, brüllte er.

Die Kopfschmerzen waren kaum mehr auszuhalten, und ächzend sank er zu Boden.

Sein Herzschlag stockte, als ein schrilles Pfeifen wie ein Messer in sein Gehör fuhr. Lichtblitze blendeten ihn. So schnell, wie es gekommen war, wurde es wieder still und dunkel.

Jemand sitzt hinter dieser Wand an meinem Computer, dachte er bestürzt.

„Hallo, Eduard, bist du wach?“

Diese Stimme!

„Wer ist da?“, rief er wütend. „Hör auf mit dem Mist und lass mich sofort hier raus!“

„Tut mir leid, aber das kann ich nicht.“

Aline, Himmel noch mal, das ist Aline! Das kleine Luder ist tatsächlich zurückgekommen. Was will sie hier?

Eine böse Ahnung kroch in ihm hoch wie ein kleines, giftiges Tier.

„Aline, ich weiß, dass du das bist“, schwatzte er. Versuchte ruhig und gelassen zu klingen. „Mach keinen Unsinn, lass uns vernünftig miteinander reden. Also komm schon, mach die Tür auf.“

Die Antwort war ein kreischendes Auf- und Abschwellen von Tönen, von gleißendem Licht, und er schlug sich die Hände auf die Ohren.

Als es wieder still wurde, raste sein Herz.

„Ich kann dich nicht rauslassen, Eduard, tut mir leid“, sagte Aline. „Du selbst hast mir das beigebracht. Man muss die Konsequenzen tragen. Das wirst auch du jetzt lernen.“

Blankes Entsetzen raubte ihm den Atem.

Er würde diesen Raum nicht mehr lebend verlassen.

Er begann zu kreischen.

Die Schreie gingen unter in einer infernalischen Symphonie.

Ich bin Josy

Sie stand am Wohnzimmerfenster und blickte hinaus in den Park. Die ersten Schneeglöckchen hatten sich aus der Erde gekämpft, ein Zeichen, dass es bald Frühling wurde. Licht und Wärme würden endlich die Dunkelheit verdrängen.

Josy sehnte sich danach, den Schmerz abzustreifen, wie eine Schlange die Haut. Und sich aus der Enge der Trauer zu lösen, die sie umfing wie ein Ring aus Eisen.

Der vergangene Winter kam ihr vor wie ein Traum. Alles, was nach dem Brand passiert war, verwob sich in ihrer Erinnerung zu einem unentwirrbaren Knäuel. Das endgültige Begreifen, dass ihr Vater und Marie nicht mehr da waren. Klara, die an ihren Schuldgefühlen fast zerbrochen wäre. Finn, der nun wieder laufen lernen musste, aber für immer ein Bein nach sich ziehen würde. Melly, die Albträume hatte und sich ständig vergewissern musste, dass *ihre* Josy noch da war.

Und Mads und seine Freunde, die über den Winter in der Einliegerwohnung gelebt hatten, während Klara in ein Gästezimmer gezogen war. Vor kurzem waren die drei aus ihrem Leben verschwunden. Richtung Süden.

Jetzt war es wieder still in der Villa. Einsam.

Wo sie wohl jetzt ist?, dachte Josy. Was ist aus ihr geworden? Lebt sie überhaupt noch?

Niemand konnte ihr das beantworten. Man hatte nach Aline gesucht, doch sie blieb verschwunden. Wie damals als Baby.

Ihren Stiefvater hatte man gefunden. Tot. Und niemand konnte sich erklären, was da geschehen war. In seinem Kellerraum, den er laut Auskunft der ortsansässigen Handwerker als Musikzimmer genutzt hatte.

Müsste ich nicht spüren, wie es ihr geht? Wir sind Zwillinge. Entstanden aus einer einzigen Zelle.

Aber da war nichts. Heute nicht und auch früher nicht. Oder hatten die tiefe Traurigkeit und der Schmerz, den sie manchmal verspürt hatte, nicht nur etwas mit dem frühen Tod ihrer Mutter zu tun gehabt? Hatte sie mit ihrer Schwester gelitten?

Ich bin Josy.

Wirklich?

Ich bin Josy und Aline.

Sie lächelten.

Nachwort

Schön, dass Sie mir bis hierher gefolgt sind. Ich hoffe, ich konnte Sie gut unterhalten. Vielleicht darf ich Sie wieder in eines meiner Bücher entführen. Ich würde mich sehr freuen.

Falls Sie Lust haben, weiterzulesen, finden Sie auf den nächsten Seiten zwei Leseproben.

Und falls Sie mir schreiben möchten, finden Sie die Kontaktdaten auf meiner Homepage: www.connyluescher.ch

Machen Sie es gut, bleiben Sie gesund – und vielleicht bis bald?

Herzlichst
Conny Lüscher

Weitere Bücher:
Die sonnige Zeit
Erkenne das Böse
Hornissenbrut
Stummer Schrei
Nur noch Stille
Mörderische Turbulenzen in der Bäderstadt
Mord in der Bäderstadt
Baden kann tödlich sein
Leana

Leseproben auf den nächsten Seiten.

Leseproben

Die sonnige Zeit

Dystopie Thriller

Es war die dritte Nacht, die Lilly nun in der Zelle verbringen musste. Sie verspürte einen nagenden Hunger, und ihr Mund war ausgetrocknet.

Niemand war gekommen, um sie zum Verhör zu bringen.

Vielleicht ist das verdammte Wiesel krank oder versetzt worden, hatte Rosie voller Hoffnung laut sinniert.

Drei endlos lange Tage, in denen sich die Tür nur zweimal öffnete, um den Eimer auszutauschen, in den sie ihre Notdurft verrichten mussten.

Zweimal ein paar trockene Scheiben Brot und einen Krug Wasser. Rosie verteilte alles gerecht unter ihnen, aber die letzte Ration schien ewig her.

Lilly mochte Rosie sehr. Sie hatte die ausgemergelte alte Frau zuerst gar nicht erkannt. Rosie war es gewesen, die sich plötzlich auf die Stirn schlug.

„Meine Güte, ja! Erinnerst du dich nicht? Ich bin die Bäuerin vom Ebner Hof, und dein Freund, der kleine Wolf, hat oft bei uns ausgeholfen. Was wohl aus ihm geworden ist?“

Lilly konnte es kaum fassen, und sie setzten sich nebeneinander auf eine Pritsche und redeten über die Dinge, die seit jener Zeit geschehen waren. Darüber zu sprechen fühlte sich an, wie dem Zerfall der Welt noch einmal in die Tiefen der Finsternis zu folgen.

Anja hockte in ihrer Ecke und lauschte ihnen mit geschlossenen Augen.

„Deine Mutter war ja so eine Art Hellseherin, und später munkelte man, du könntest das auch."

Lilly wusste nicht, was sie darauf erwidern sollte. Längst hatte sie gesehen, dass die Zeit für Anja abgelaufen war, dass der Tod schon auf sie wartete. Und dass nichts etwas daran ändern würde. Doch warum es aussprechen?

Als hätte sie ihre Gedanken gelesen, hob Anja den Kopf. „Kannst du sehen, ob sie mich umbringen?"

Lilly schüttelte heftig den Kopf. „Nein, Unsinn, natürlich nicht. Und du darfst die Hoffnung niemals verlieren!"

Hoffnung war das Einzige, was sie noch hatten. Lilly klammerte sich an den Gedanken, dass das, was sie sah und spürte, nur eine von vielen Möglichkeiten war, die in der Zukunft lagen. Dass nichts endgültig war. Das Unheil noch verhindert werden konnte.

„Du kannst nichts verhindern", sagte Kathie.

Sie saßen nebeneinander am Flussufer. Der Vollmond spiegelte sich auf der Wasseroberfläche, und die Schilfhalme bogen sich flüsternd im Wind.

„Es schmerzt immer noch", sagte Lilly und legte den Arm um die schmalen Schultern ihrer Freundin. Kathie, die für alle Zeiten ein kleines Schulmädchen bleiben würde.

„Du musst dich in Acht nehmen, er kommt zurück."

„Wen meinst du? Wer kommt zurück?"

Kathie sprang auf und zeigte in den Nachthimmel, in dem sich schwarze Wolken zusammenballten.

„*Er*! Er kommt zurück und wird dir wehtun!"

Eine riesige Hand schälte sich aus den Wolkenmassen und griff nach ihnen.

Kathie schrie, als die Finger sich um sie schlossen und sie hochhoben wie ein Püppchen.

„Nein!", brüllte Lilly. Sie konnte sich nicht rühren und musste hilflos zusehen, wie Kathie im Fluss ertränkt wurde.

„NEIN! LASS SIE LOS! KATHIE! KATHIE!"

Jemand schlug ihr hart ins Gesicht, und Lilly riss die Augen auf.

Rosie blickte entsetzt auf sie herab. „Entschuldige, aber anders konnte ich dich nicht wachkriegen. Das muss ein schlimmer Traum gewesen sein, meine Güte. Du warst völlig weggetreten und hast geschrien wie am Spieß."

Lilly setzte sich verstört auf.

„Wer ist Kathie?", fragte Anja.

„Sie ist tot", flüsterte Lilly.

Sie stellten keine weiteren Fragen.

Lilly legte sich wieder hin. Ihr Herz klopfte immer noch heftig. Sie wusste jetzt, wer Anja folterte. Wer das Wiesel war, von dem Rosie redete.

Und sie wusste, dass er auch sie holen würde.

Sebastian schlenderte am Tor der Kleiderfabrik vorbei, wie jedes Mal, wenn sich eine Gelegenheit bot, sich von seiner Truppe zu entfernen. Lilly war nicht zu ihrer Verabredung erschienen. Seit vier Tagen gab es kein Zeichen von ihr.

Sebastian versuchte, die Panik niederzukämpfen, in die er verfiel, wenn er sich überlegte, was ihr zugestoßen sein könnte.

Es gab so viele Möglichkeiten, weshalb sie nicht mehr kam. Und keine einzige bedeutete etwas Gutes. Die harmloseste Variante wäre, dass man sie erwischt hatte, als sie sich davonschleichen wollte. Das bedeutete Hausarrest und zusätzliche Schichten.

Aber genauso gut könnte …

Weiter wollte er nicht denken, und die Ungewissheit brachte ihn fast um den Verstand.

Er hatte keine Berechtigung, einfach in die Fabrik zu spazieren und nach Lilly zu fragen. Seine einzige Hoffnung war, mit einer der Näherinnen sprechen zu können, alleine und möglichst beiläufig, damit niemand neugierig wurde.

Eigentlich müsste er auch schon wieder zurück. Er zögerte.

Die Tür, die in dem Eisentor eingelassen war, öffnete sich quietschend, und Sebastian hielt den Atem an.

Eine Frau mittleren Alters in der Kleidung, wie Lilly sie trug, erschien mit einem Paket unter dem Arm und wollte sich zielstrebig entfernen.

„Hallo, bitte entschuldigen Sie, aber könnten Sie kurz warten?“, sagte Sebastian und versperrte ihr den Weg.

„Ja?“ Veronika blieb stehen und hob misstrauisch die Augenbrauen. Sie war es nicht gewohnt, von Männern angesprochen zu werden. Und Männer in Uniform versprachen nichts Gutes in diesen Zeiten. Selbst wenn man so unschuldig und rein war wie frisch gefallener Schnee.

„Ich …“ Sebastian räusperte sich. „Ich bin auf der Suche nach einer Kollegin von Ihnen.“ Er hatte sich seine Worte sorgfältig zurechtgelegt, aber jetzt fiel er mit der Tür ins Haus. „Lilly, sie heißt Lilly Winter. Geht es ihr gut? Arbeitet sie noch hier?“

Veronika war verblüfft, aber dann begriff sie.

Ich wusste doch, dass sie sich verliebt hat. Und das ist anscheinend der Auserwählte.

Veronika konnte gut verstehen, dass Lilly sich in diesen Kerl verguckt hatte. Der junge Mann sah sehr gut aus mit diesen grauen Strähnen in seinen Haaren. Apart und irgendwie geheimnisvoll.

Er sah sie voller Hoffnung an, und Veronika sank das Herz. Das würde ihm jetzt nicht gefallen.

„Ja, ich kenne Lilly“, sagte sie, während sie überlegte, wie sie ihm den Rest beibringen sollte.

„Und? Wo ist sie? Wie geht es ihr?“

Veronika trat unruhig von einem Bein auf das andere. „Es tut mir wirklich leid, Ihnen das sagen zu müssen, aber Lilly ist verhaftet worden.“

„Verhaftet? Aber nein, das muss ein Irrtum sein! Weshalb sollte man …“

„Sie soll die Komplizin eines Rebellen sein und geholfen haben, den Besitzer der Fabrik zu ermorden.“

In Sebastians Kopf drehte sich alles. „Das ist vollkommener Unsinn!“, stammelte er fassungslos. Er hatte von dem Mord gehört und sich noch gedacht, dass Sigrid wohl nicht lange trauern würde. Aber wieso sollte man denn Lilly verdächtigen?

Sein Herzschlag setzte einen Moment aus, als er begriff.

Er wusste nicht, wie das hatte geschehen können, aber er war davon überzeugt, dass hinter dieser

Teufelei Sigrid steckte. Seit ihrer Kindheit hatte sie ihre Cousine gehasst, und er war ja selbst einige Male Opfer ihrer bösen Intrigen geworden.

Wortlos rannte er davon.

Sebastian ballte die Fäuste, um nicht vor Verzweiflung laut zu schreien. Sein Gesicht war verzerrt und kalkweiß, und die Leute warfen ihm irritierte Blicke zu, als er an ihnen vorbeistürmte.

Ich muss sie aus dem Gefängnis holen! Ich muss einen Weg finden!

Er wusste, was dort ablief. Es war die reine Willkür. Schon lange gab es keine Anwälte und Richter mehr, die sich um Recht und Gerechtigkeit scherten. Wer im Verdacht stand, gegen die Gesetze des Generals verstoßen zu haben, wurde der Rebellion beschuldigt.

Und darauf stand der Tod.

Sebastian wusste, dass es Wahnsinn war, aber er würde heute Nacht in das Gefängnis eindringen. Und das würde er nicht alleine tun. Ein paar Männer mussten ihm zur Seite stehen. Das waren sie ihm schuldig.

„Mitkommen!“

Der Wachmann deutete mit dem Zeigefinger auf Lilly.

Rosie dachte, ihr Herz würde brechen, als Lilly mit hocherhobenem Kopf durch die Tür ging.

Gott steh ihr bei!

Anja rappelte sich vom Boden auf und legte sich auf eine Pritsche. Sie wusste, jetzt konnte sie ein paar Stunden schlafen. Ohne Angst.

Sebastian erreichte den Hof der Kaserne und blieb wie vom Blitz getroffen stehen. Ein Dutzend seiner Kameraden stand neben einer Gruppe Milizsoldaten vor einem Lastwagen stramm. Alle in Kampfanzügen und schwer bewaffnet.

„Verflucht noch mal! Wolf! Wo zum Teufel hast du dich herumgetrieben?“, brüllte ihn der Kommandant an.

Sebastian kam nicht dazu, den Mund aufzumachen.

„Aufsitzen! Du auch!“

Es blieb ihm nichts übrig, als hinter den Männern auf den Lastwagen zu klettern. Wenn er den Befehl verweigerte konnte er sich auch gleich selbst erschießen.

Er quetschte sich zwischen die Männer auf die Bank, und im nächsten Moment rollte der Laster vom Hof.

„Was ist los?“, fragte Sebastian. „Wo fahren wir hin?“

Er hatte Mühe, ruhig zu sprechen. Er konnte nur an die Hölle denken, in der sich Lilly befand.

Hector Degner, ein Leutnant der Miliz, grinste ihn an. „Das, mein Junge, werdet ihr noch früh genug erfahren. Aber so viel kann ich dir schon verraten. Diesmal wird nichts nach außen dringen, diesmal werden wir das verdammte Rebellenpack überrumpeln und ein ganzes Nest ausheben.“

Der Ausdruck in seinen Augen sagte alles. Immer wieder war der Verdacht im Raum gestanden, dass die Rebellen gewarnt worden waren. Dass es in den eigenen Reihen einen Spitzel gab, der mit ihnen gemeinsame Sache machte. Aber jetzt schien außer dem Leutnant und dem Fahrer niemand zu wissen, wohin es ging.

Sebastians Kehle schnürte sich zu.

Der Bezirksleiter streifte sich gedankenverloren die Handschuhe über.

Es musste sein. Man konnte nie wissen, in welchem Zustand ihm die Gefangenen vorgeführt wurden. Dass sie unangenehm rochen, weil sie sich nicht waschen konnten, daran hatte er sich gewöhnt. Allerdings schenkte er von Zeit zu Zeit einer der Frauen – wenn sie hübsch genug war – das Privileg einer Dusche.

Vorausgesetzt, es gab nicht schon Anzeichen einer Krankheit. Es war kaum zu glauben, womit die Leute kontaminiert waren, mal abgesehen von Ungeziefer. Sehr unappetitlich.

Auf seinem Schreibtisch lag ein dünner Hefter. Er hätte ihn zur Hand nehmen und nachlesen können, welches Verbrechen die Delinquentin begangen hatte.

Aber das hatte Zeit, zuerst wollte er sich ein eigenes Bild machen, bevor er das Urteil fällte. Meistens die Todesstrafe. Er stellte sich ans Fenster und sah hinaus.

Hinter ihm öffnete sich die Tür.

„Rein da und auf den Stuhl setzen!“

Er hörte Schritte, dann schloss sich die Tür, und es herrschte Stille.

Wenigstens eine, die nicht gleich losplapperte oder schrie.

„Wie ist Ihr Name?“, fragte er, ohne sich umzudrehen.

„Lilly Winter.“

Seltsam. Eine vage Erinnerung.

„Und wessen beschuldigt man Sie?“

„Ich soll die Komplizin eines Rebellen sein und an einem Mord beteiligt.“

Wirklich seltsam. Wie ruhig diese Stimme klang. Und wie jung.

„Und, sind Sie schuldig?“

„Nein, Herr Peintner, das bin ich nicht.“

Ein verschwommenes Bild drängte sich in seinen Kopf, und er drehte sich um.

Aufrecht auf dem Stuhl saß eine junge Frau mit langen blonden Haaren, die sie im Nacken mit einem Stück Schnur zusammengebunden hatte. Aber alles, was er sah, waren die leuchtend blauen Augen, mit denen sie ihn förmlich durchbohrte, in seinem Inneren blätterte wie in einem Buch.

Oh ja, das konnte sie!

„Hallo, Lilly, so sehen wir uns also wieder.“

Er konnte sich nicht erinnern, wann er das letzte Mal so gelächelt hatte. So erfüllt gewesen war von Freude. Denn jetzt war seine Zeit gekommen.

Er konnte mir ihr machen, was er wollte. Sie war ihm ausgeliefert.

Er würde jede Sekunde auskosten. Sie würde jetzt für die Scherereien bezahlen, die sie ihm als rotznäsige Göre damals eingebrockt hatte. Man hatte ihm nichts beweisen können, aber ihn trotzdem mit Schimpf und Schande aus dem Dorf gejagt. Dieses dämliche

Bauernpack! Und danach war es schwierig für ihn gewesen, irgendwo wieder Fuß zu fassen. Aber durch die Regentschaft des Generals waren bald andere Zeiten angebrochen, und er hatte einen Posten ergattert, der ihm entsprach. Ja, man konnte sogar sagen, Vergnügen bereitete.

„Ich sehe schon, du willst nicht mit mir reden, dich nicht verteidigen." Er lachte, und seine Augen blitzten hinter der Brille. „Ja, du bist ein kluges Mädchen. Warst du ja schon immer. Du weißt ganz genau, dass jedes Wort nur verschwendet wäre. Kannst du es sehen, was mit dir passieren wird?"

Er beugte sich dicht zu ihr, und Lilly blickte ihm ohne Angst ins Gesicht. Sie wusste, was er vorhatte. Äußerlich hatte er sich kaum verändert, nur, dass er jetzt anstelle eines Anzugs eine Uniform trug. Aus dem Lehrer von damals, Kathies Mörder, war nun ein Scharfrichter geworden, der über uneingeschränkte Macht verfügte.

Irritiert machte er einen Schritt zurück und setzte sich auf die Schreibtischkante.

Wieso bleibt sie so ruhig? Haben ihre Zellengenossinnen ihr nicht erzählt, was ihr blüht? Aber mal sehen, wie lange sie die Fassung behält.

Er nahm den Hefter und überflog die Zeilen. Dabei spielte es keine Rolle.

„Tja, das bedeutet die Todesstrafe", sagte er in gespieltem Bedauern.

Lilly schwieg und regte sich nicht.

„Aber weißt du, es muss gar nicht sein, dass du schon morgen früh da unten an der Wand stehst. Es wäre schade um dich. Ja, wirklich. Und ich könnte das verhindern, wenigstens für eine Weile."

Er wollte ihr über den Kopf streichen, doch Lilly drehte sich weg.

„Sei ein braves Mädchen, du weißt, ich liebe brave Mädchen."

Lilly spuckte ihm vor die Füße.

Er schlug sie so hart ins Gesicht, dass sie seitwärts vom Stuhl kippte und auf dem Boden landete.

„Du verfluchtes Miststück. Ich werde jetzt mit dir spielen, und du wirst dich benehmen und stillhalten. Wenn nicht, können wir uns die Kugel für dich sparen!"

Er hob den Fuß und wollte sie in den Bauch treten, aber Lilly rollte sich blitzschnell zur Seite, sprang auf und flüchtete sich hinter den Schreibtisch.

Er hatte gegen die Wand getreten, und wenn er nicht seine Stiefel getragen hätte, hätte er sich wahrscheinlich die Zehen gebrochen. Brüllend vor Wut jagte er sie um den Schreibtisch.

Der Wachmann vor der Tür rührte sich nicht. Er war an den Lärm gewöhnt. Immer, wenn eine hübsche Frau in diesem Verhörzimmer landete, wurde es laut. Meistens schrien sie, aber bis jetzt war nur der Bezirksleiter zu hören. Doch das würde sich wohl bald ändern.

In einem Bruchteil der Sekunde, in dem sie erkannt hatte, dass er sie in den Bauch treten wollte, war in Lilly ein Damm gebrochen. Die Mauern, die sie zu ihrem Schutz errichtet hatte, stürzten ein. Ein überwältigendes Gefühl von Wut und Hass schien ihr ganzes Wesen wie ein Feuer zu verschlingen.

Lilly hatte noch nie in ihrem Leben wissentlich einem Menschen Leid zugefügt, hatte sich stets ihrem Schicksal gebeugt wie ein Lamm. Aber das reichte nun nicht mehr. Die Welt war zu einem Albtraum geworden, und um zu überleben, musste man das Böse mit Bösem bekämpfen.

Er erwischte sie nicht, machte sich selbst zum Affen, während er wie ein Irrer um den Schreibtisch hinter ihr herjagte.

Schluss damit!

„Ich bring dich gleich hier und jetzt um!“, brüllte er und nestelte am Verschluss seines Pistolenhalfters.

„Nein“, sagte Lilly völlig ruhig. „Das werden Sie nicht tun.“

Irritiert hob er den Kopf.

Lilly hielt eine Schere in der Hand, und bevor er sich noch darüber aufregen konnte, dass er so ein Idiot gewesen war und sie auf dem Tisch liegen gelassen hatte, sprang sie auf ihn zu, und seine Kehle füllte sich mit Blut.

„Das ist für Kathie und all die anderen, die du gequält und umgebracht hast.“

Ihre geflüsterten Worte hallten in seinem Kopf, als er starb.

Es war zu ruhig. Der Wachmann trat nervös von einem Bein aufs andere. Eigentlich durfte er das Büro nicht betreten, bevor er gerufen wurde. Aber es war einfach viel zu still da drinnen!

Er fasste sich ein Herz, öffnete vorsichtig die Tür und schielte hinein.

„Verfluchte Scheiße!“

Erkenne das Böse
Psychothriller

„Wach auf!"

Das war die Stimme ihrer Mutter.

Aber ihre Mutter war tot. Schon lange. Genauso wie ihr Vater. Es gab niemanden mehr.

Emely kniff die Augen zusammen und hoffte, wieder in diesem schwarzen Dunkel zu versinken, in dem es keine Gedanken gab.

Keine Bilder.

Von ihren blutüberströmten Eltern. Ihrem Vater, der nie wieder nach ihr rufen würde.

„Mümmel! Wo steckt mein Mümmelhase?"

So hatte er sie genannt, weil sie Gemüse nur roh essen wollte. Ständig mit einer Möhre in der Hand durchs Haus wanderte und geräuschvoll daran knabberte. Andere Kinder in ihrem Alter waren längst auf den Geschmack von Süßigkeiten gekommen.

„Sei doch froh", hatte ihre Mutter gesagt, als er Emely wieder einmal deswegen neckte. „Spätestens, wenn sie in den Kindergarten kommt, wird sie den Lockstoffen von Gummibärchen verfallen."

Aber sie kam nicht in einen Kindergarten, Emely wurde in eine Klinik gebracht. Man hatte sie fortgetragen. Eingewickelt in die karierte Wolldecke, die so seltsam roch. Und die feucht geworden war vom Regen und ihren Tränen.

„Mama?", hatte sie noch gefragt und den Mann angeschaut, der sie hochgehoben hatte. Dabei hatte sie es gewusst.

Sie hatte es sofort begriffen, obwohl sie erst fünf Jahre alt war.

Mama würde nicht mehr kommen. Nicht mehr aufstehen.

Sie war so schön gewesen. So schön wie die Königin in Emelys Märchenbuch.

Selbst dann noch, als ihre Augen blicklos nach unten gestarrt hatten. Auf ihre Beine, gespreizt wie die der alten Porzellanpuppen im Schaufenster des Antiquitätenladens in der Altstadt.

Die Arme schlaff neben dem Körper.

Mama.

Danach war die Kälte gekommen.

Angekrochen wie ein böses Tier, das sich an Emely festkrallte. All die Jahre hatte sie damit gelebt und wäre innerlich längst erfroren, wenn es Sarah und Cat nicht gegeben hätte.

Jetzt war Sarah gegangen, denn sie hatte das gefunden, was Emely wahrscheinlich niemals bekommen würde. Die Liebe eines jungen Mannes, der sie vergötterte. Mit dem sie lachen konnte und Spaß haben und eine gemeinsame Zukunft beginnen. Der sie im Arm hielt und tröstete, wenn es ihr schlecht ging.

Das Gefühl von Geborgenheit und Glück war für Emely nur ein leises Echo aus längst vergangenen Tagen. Für immer verloren. Auch wenn Sarah und Cat sich noch so sehr bemühten. Die Bilder in Emelys Kopf konnte niemand auslöschen.

Emely zitterte.

Der Boden, auf dem sie lag, war eiskalt. Gittergeflecht auf hartem Lehm, gesprenkelt mit Kieseln, drückte ihr in die Wange. Allmählich nahm sie ihre Umwelt wahr. Den Geruch nach Moder, alten Äpfeln und saurem Most. Die Ausdünstung von Erde, wie ihn Kartoffeln verströmten, ein aufdringliches Parfüm. Und den Gestank von Hühnermist.

Emelys Lider flatterten.

Ist das ein Traum? Sie war orientierungslos.

„Wach auf!"

Ich kann nicht, Mama.

Die Kälte hatte ihr Werk vollbracht. Emely konnte sich nicht mehr bewegen.

Erfroren.

Sie musste erfroren sein. Wie anders war es zu erklären, dass sie die Arme nicht heben und die Beine nicht ausstrecken konnte?

Emely bewegte die Fingerspitzen. Die Hände waren taub. Sie riss die Augen auf, und im ersten Moment fühlte sie nichts als einen gleißenden Schmerz, der durch ihren Schädel zuckte und ihr die Sicht nahm.

Plötzlich erinnerte sie sich wieder an den Schlag auf ihren Hinterkopf.

Daran, wie ihre Beine nachgegeben hatten und die Welt um sie herum verschwunden war, als hätte jemand das Licht ausgeknipst.

Cat!

Sie war auf der Suche nach ihrer Freundin gewesen, niemand wollte sie gesehen haben, und Emely war fast durchgedreht vor Sorge um sie.

Cat.

Emely hob den Kopf und starrte durch das Gittergeflecht vor ihren Augen. Verwirrt versuchte sie sich aufzurichten.

Es gelang ihr nicht.

Sie konnte sich nicht rühren. Sie lag eingepfercht in einem kleinen Käfig. Die Arme nach hinten gedreht, die Knie hochgeschoben bis unters Kinn.

Kaltes Entsetzen spülte die letzte Benommenheit fort, und jetzt spürte sie auch die Schmerzen in den Gliedern.

Wie lange lag sie schon so verkrümmt in diesem Keller?

Sie blinzelte. Ja, es war ein Keller. Ein feuchtes Loch, kaum Licht drang durch die schmutzstarrende Scheibe eines kleinen Fensters, direkt unter der schiefen Decke. Staubkörner tanzten um eine nackte Glühbirne in der Luft und sanken auf die langen Fäden klebriger Spinnennetze.

Emely versuchte sich irgendwie zu strecken.

Ein Krampfanfall verwandelte ihre Beine in Holz. Es war nicht einfach ein Krampf in der Wade, wie sie ihn schon oft gehabt hatte. Jetzt schoss von der Hüfte abwärts bis zu den Zehen ein Schmerz, so gewaltig, dass sie glaubte, sich übergeben zu müssen. Der Schweiß brach ihr aus allen Poren, und sie vermochte nicht einmal zu schreien.

Stöhnend ließ sie den Kopf sinken und biss die Zähne zusammen. Es schien ewig zu dauern, und sie glaubte, jeden Moment wieder ohnmächtig zu werden.

Endlich, endlich ließ der Schmerz etwas nach, und das Gefühl, dass Hunderte brennende Ameisen durch ihre Glieder krabbelten, war schon fast eine Erleichterung.

Sie schaffte es, die Arme vor die Brust zu schieben, und sah sich um.

Der Keller war vollgestellt mit Gerümpel. Neben dem Käfig, in den sie gepfercht war – *oh Gott, das ist ein Geflügelkäfig*! –, lagen ausgetretene Schuhe und Gummistiefel, an denen noch Erde klebte. Schaufeln, Harken und eine Spitzhacke lehnten an der unverputzten Wand. Regale voller Flaschen und Einmachgläsern, bedeckt mit grauem Gespinst, bogen sich unter der Last. In der Ecke stand ein zerbrochenes Fass.

An ihrer Taille spürte sie eine Vibration, und noch bevor die kleine Melodie erklang, durchflutete sie Erleichterung.

Das Handy, sie haben mein Handy nicht gefunden!

Oder gar nicht danach gesucht. Oh Gott, schnell jetzt! Ich muss …

Sie schob einen Arm nach unten und kurz, bevor es ihr gelang, in die Tasche zu greifen, riss sie sich den Handrücken an dem rostigen Gitter auf. Ein brennender Schmerz, bevor sie das Telefon bis vor ihr Gesicht bugsierte.

Valerie Bienert. Sieben verpasste Anrufe.

Emely wischte mit dem blutverschmierten Daumen über das Display.

Anruf annehmen.

Sie konnte nichts hören, und einen entsetzlichen Moment dachte sie, dass Valerie schon aufgelegt hatte.

„Valerie?!“ Es war nur ein Krächzen, das aus Emelys Kehle drang. Ihr Mund war völlig ausgetrocknet.

Sie zwängte das Telefon durch die kleine Lücke zwischen ihrem Kopf und dem Gitter an ihr Ohr.

Endlich konnte sie Valeries Stimme hören.

„Emely? Hallo Emely? Hörst du mich?“

„Ja!“, rief sie und musste heftig schlucken, um den Hustenreiz zu unterdrücken.

„Gott sei Dank habe ich dich endlich erreicht! Ich habe mir Sorgen gemacht! Du hast zwei Termine verpasst und dich auf keinen meiner Anrufe gemeldet! Also was …“

„Man hat mich niedergeschlagen und eingesperrt! Bitte schnell! Sie müssen …“ Sie konnte tatsächlich noch schreien.

„Was, was … Emely, wo bist du denn? Sag mir um Himmels willen, wo du bist!“

Das konnte sie nicht. Emely hatte etwas gesehen, das ihr die Stimme raubte.

Hinter prall gefüllten Kartoffelsäcken, die den fauligen Geruch verströmten, lag jemand.

„Emely? Emely, bitte antworte mir! Wo bist du denn? Was ist passiert?“

Emely starrte auf die Haare, die ausgebreitet auf dem Boden lagen wie ein Tuch.

Lang, schwarz, mit einer auffallenden, weißen Strähne.

Cat!

Das war Cat, und sie war tot.

Sie musste tot sein, denn aus den Haaren sickerte eine dunkle Flüssigkeit – zäh wie Sirup – und sammelte sich in einer schwarzen Lache.

Der Schock war so gewaltig, dass sie Valeries Stimme nicht mehr hörte.

Emely zitterte am ganzen Körper.

Es war, als stürzte sie in einen Abgrund, die Finger umklammerten das Telefon.

„CAT!“ Sie konnte nur noch schreien. „CAT! Jemand hat Cat umgebracht!“